MARIA MADALENA
discípula predileta do Senhor

Gilson Luiz Maia

MARIA MADALENA
discípula predileta do Senhor

Paulinas

Dados Internacionais de Catalogação na Publicação (CIP)
Angélica Ilacqua CRB-8/7057

Maia, Gilson Luiz
  Maria Madalena, discípula predileta do Senhor / Gilson Luiz Maia. - São Paulo : Paulinas, 2023.
  88 p. (Ensina-nos a rezar)

  Bibliografia
  ISBN 978-65-5808-207-1

  1. Maria Madalena, Santa 2. Santos cristãos 3. Fé I. Título II. Série

  23-0080 CDD - 235.2

Índice para catálogo sistemático:
1. Maria Madalena, Santa

1ª edição – 2023
1ª reimpressão – 2024

Direção-geral: *Ágda França*
Editores responsáveis: *Vera Ivanise Bombonatto e Antonio Francisco Lelo*
Copidesque: *Mônica Elaine G. S. da Costa*
Coordenação de revisão: *Marina Mendonça*
Revisão: *Ana Cecilia Mari*
Gerente de produção: *Felício Calegaro Neto*
Capa e diagramação: *Telma Custódio*
Imagem de capa: *Alexander Andreyevich Ivanov, Rússia, 1835 Aparição de Cristo a Maria Madalena após a Ressurreição.*

Nenhuma parte desta obra poderá ser reproduzida ou transmitida por qualquer forma e/ou quaisquer meios (eletrônico ou mecânico, incluindo fotocópia e gravação) ou arquivada em qualquer sistema ou banco de dados sem permissão escrita da Editora. Direitos reservados.

Cadastre-se e receba nossas informações
www.paulinas.com.br
Telemarketing e SAC: 0800-7010081

Paulinas
Rua Dona Inácia Uchoa, 62
04110-020 – São Paulo – SP (Brasil)
📞 (11) 2125-3500
✉ editora@paulinas.com.br

© Pia Sociedade Filhas de São Paulo – São Paulo, 2023

Aos meus irmãos e à minha irmã.

"Ainda estou fascinada pela visão de Cristo e seus discursos. Não tenho medo de dizer isso, mas recebi a mesma glória que Moisés recebeu. Eu vi, sim, eu vi, não na montanha, mas no túmulo, não velado pela nuvem, mas pelo corpo, o Senhor do incorpóreo e das nuvens. O Senhor de ontem, de hoje e de sempre, que me disse: 'Maria, se apresse! Vá e revele àqueles que me amam que eu ressuscitei'."

ROMANO, O MELODISTA

Sumário

Prefácio 9

Introdução 13

I. Maria de Magdala, seguidora de Jesus 19

    Na escola do Mestre da Galileia................................. 23

    Uma comunidade de servidores e servidoras................. 26

    Os sete demônios 29

II. Maria Madalena nos evangelhos............................... 33

    No Evangelho de Mateus 34

    Segundo o Evangelho de Marcos................................. 38

    Na obra de Lucas 42

    Madalena e Paulo, diferentes caminhos 46

III. A discípula predileta do Senhor no
Quarto Evangelho 51

    Fidelidade ao pé da cruz.. 51

    Maria de Magdala junto ao túmulo de Jesus................. 53

    O encontro com o Ressuscitado 56

    Testemunho e anúncio 60

    Sinopse 64

IV. Apóstola dos apóstolos 67

    Maria Madalena e as outras Marias, um grande equívoco 70

    De pecadora arrependida a discípula exemplar de Jesus ... 73

    O itinerário espiritual de Maria de Magdala 77

Conclusão 81

Bibliografia 85

PREFÁCIO

Caro leitor,

Missão desafiadora prefaciar o livro *Maria Madalena, discípula predileta do Senhor*, do Padre Gilson Maia, em razão de ser um livro sobre uma discípula/mulher de Jesus por muito tempo discriminada como "pecadora" na história da Igreja. E também pelo autor, um homem místico, misericordioso e de grande ternura no relacionamento com as mulheres, algo que pude testemunhar. Não posso trair nem uma nem outro. Porém, garanto aos leitores que iremos surpreender-nos pela grandeza de Maria Madalena e do autor. Todas as palavras e os gestos tão bem colocados no seu tempo e espaço!

O livro é uma fascinante e inédita história de amor de uma mulher (discípula) com seu Mestre. Narra sua paixão por ele e a fidelidade às suas palavras, em uma época em que as mulheres não tinham nenhum espaço digno na sociedade e eram muito estigmatizadas por seu comportamento. Havia regras para a presença da mulher em espaço público. Eram submetidas a condições vulneráveis, o que podemos apreender dos evangelhos. Por exemplo, João relata o episódio da samaritana e mostra a admiração dos discípulos quando retornam da cidade. Encontram Jesus falando com uma mulher, entretanto, nenhum lhe diz palavra alguma (cf. Jo 4,27). A atitude dos discípulos reflete o desprezo dos judeus pelos samaritanos e revela o modo machista de tratar as mulheres. Em ambientes públicos, passavam despercebidas, e as regras do decoro proibiam um homem de se encontrar sozinho com uma mulher. "Devia-se evitar olhar para uma mulher casada e até mesmo cumprimentá-la."[1] A iniciativa de dialogar com a samaritana partiu de Jesus, que buscou diversas formas de se dirigir a ela com empatia. E olha que não foi fácil o diálogo! Muitos preconceitos, antipatias e discriminações estavam enredados no encontro. A mulher sabia a sua posição de inferioridade social e os impedimentos para interagir espontaneamente.

A história da discípula amada se desenrola em quatro capítulos, escritos com maestria pelo Padre Gilson Maia, autor de outros dois livros de igual envergadura: *O Pai-Nosso, palavra por palavra* e *O discípulo amado.*

Maria Madalena, discípula predileta do Senhor nos mostra como Maria Madalena conquistou o coração do Mestre, que lhe delegou uma grande autoridade para todos os tempos, e hoje nós a chamamos de "Apóstola dos apóstolos": "Maria, se apresse! Vá e revele àqueles que me amam que eu ressuscitei".

O livro narra os acontecimentos que fizeram a personagem central, Maria Madalena, ser mais conhecida como "pecadora arrependida" do que como discípula fiel, testemunha missionária do Ressuscitado, apóstola de Cristo, protagonista de sua comunidade e expressão de nossa busca pelo Absoluto: Deus.

Informo que, ao longo do livro, o leitor vai sendo convidado a pedir "carona" e a embarcar de coração na "aventura" dessa mulher com o Mestre Jesus. Não é nada complicado, mas o passageiro precisa desnudar-se de preconceitos para escutar, alcançar e conhecer

---

[1] JEREMIAS, J. *Jerusalém no tempo de Jesus.* São Paulo: Paulinas, 1983, p. 474.

a intimidade de Maria Madalena. O caminho espiritual que ela cumpriu faz-nos admirá-la, bem como a muitas mulheres que não temem colocar sua vida a serviço de Jesus e seu Reino. É a história de uma amante "vidrada" no amado, como diz a gíria popular. Hum... e tem mais, o autor nos provoca desde as primeiras páginas a confrontar a nossa mentalidade e preconceitos em relação, por exemplo, à palavra "amante", quando o assunto envolve mulher. E Jesus lá teve amante? Para fundamentar essa relação, Padre Gilson procura inspiração bíblica no livro Cânticos dos Cânticos, que explica de forma bela o nosso Deus apaixonado que sempre nos busca e, também, a pessoa que deseja sempre estar em Deus. Em Ct 3,1-4, temos a amante que não se cansa de procurar a razão de sua vida: "De noite, na minha cama, busquei o amado de minha alma; busquei-o, mas não o achei. Eu me levantarei agora e rodearei a cidade, pelas ruas e pelas praças; buscarei o amado da minha alma. Busquei-o, mas não o achei. Os guardas, que rondavam a cidade, me encontraram. Então lhes perguntei: 'Vocês viram o amado da minha alma?' Mal os deixei, encontrei logo o amado da minha alma. Agarrei-me a ele e não o deixei ir embora...".

Nessa altura do livro, passada a introdução, a nossa curiosidade leva-nos a nos envolvermos com a vida da discípula amada. E o caminho que nos faz percorrer inicia-se na escola do Mestre da Galileia, na vida da comunidade de servidores e servidoras (Cap. I). Também saberemos o que os evangelistas Mateus, Marcos, Lucas e João falam de Maria Madalena, e que, embora o apóstolo Paulo não a mencione em seus escritos, soube valorizar a presença feminina na ação evangelizadora e na coordenação de comunidades (Cap. II). Isso é muito importante em um tempo em que as mulheres estão buscando ter suas vidas e seus direitos reconhecidos! Nada foge da realidade que estamos vivendo.

Ainda nesta viagem, somos convidados a olhar bem de perto a vida de Maria Madalena e seu encontro com o Ressuscitado, sendo testemunha dele e da maior notícia para o mundo: "Eu vi o Senhor e ele vive" (Cap. III). Com essa experiência viva, ela não precisou "voltar" para a Galileia, como os discípulos que foram para Emaús. Não precisou olhar para trás, mas para o horizonte, para a vida nova que o amado trazia. Tornou-se a Apóstola dos apóstolos, grande líder a proclamar a vida em todas as dimensões e contra todas as formas de morte (Cap. IV). E, nesse ponto, o autor convida o leitor a mergulhar na dinâmica do itinerário espiritual de Maria de Magdala, aquela que se atreveu a ser discípula na terra dos judeus, quando mulher alguma poderia seguir um mestre. Nas proximidades do túmulo, o Senhor faz uma pergunta que nos alcança: "A quem procuras?" (Jo 20,15). Depois da procura fatigosa e da alegria do encontro no jardim, que assinala o Éden, bem como da experiência da graça que nos move para o Pai, temos o envio missionário: "Vai dizer aos meus irmãos..." (Jo 20,17).

E, na última linha a ser lida, fica a certeza de que o encontro com o amado leva a pessoa a uma busca contínua do Ressuscitado e a faz ser testemunha fiel entre os irmãos, proclamando: "Ele vive e está no meio de nós!".

Irmã Ivonete Kurten, fsp
Religiosa da Congregação das Irmãs Paulinas
Jornalista com a missão de evangelizar com a comunicação

INTRODUÇÃO

"Em meu leito, durante a noite,
procurei o amado de minha alma.
Procurei-o, e não o encontrei.
Vou, pois, levantar-me e percorrer a cidade,
pelas ruas e pelas praças..." (Ct 3,1-2).

É difícil viver sem a certeza da ressurreição. Na ausência da luz, a alma experimenta a angústia do calvário e se movimenta com aromas nas madrugadas da vida, entre caminhos escuros, tentando "embalsamar a esperança"; procura entre os mortos aquele que está vivo. Assim pulsava o coração de Maria Madalena, parábola da vida de uma seguidora corajosa e exemplar de Jesus Cristo, que atravessou os séculos, alcançou-nos e que é uma mulher em quem podemos espelhar-nos, até encontrarmos e dialogarmos com o Ressuscitado no jardim que nos recorda o Éden, o paraíso que o Criador pensou para a humanidade (cf. Gn 1–2).[1]

Maria Madalena, mulher de altíssima estatura espiritual, sinaliza para a nossa busca de sentido e plenitude. Se há tropeços e fragilidades, há misericórdia, perdão e graça de Jesus, o Verbo de

---

[1] Utilizamos a Bíblia da CNBB. Cf. CONFERÊNCIA NACIONAL DOS BISPOS DO BRASIL. *Bíblia Sagrada*. Trad. oficial da CNBB. 1. ed. Brasília, 2018. As traduções de trechos de obras estrangeiras são livres.

Deus que veio encontrar a humanidade, expulsar os "maus espíritos" e nos conduzir ao Pai.

Há alguns anos, Maria Madalena ganhou espaço na mídia e alcançou o grande público com o famoso romance do escritor norte-americano Daniel Gerhard Brown, mais conhecido como Dan Brown, autor de *O Código da Vinci*, lançado em 2003. Nessa obra, o autor explorou a figura e o papel de Maria Madalena com relação a Jesus e dentro da história do cristianismo. Devido ao grande sucesso do livro, três anos mais tarde a obra foi adaptada para o cinema. Dan Brown trouxe Maria Madalena ao encontro da cultura hodierna, que, por vezes, recorda essa intrigante mulher tendo por base o arquétipo de prostituta e não o de uma corajosa e exemplar seguidora de Jesus, o qual ela ajudava com os seus bens (cf. Lc 8,1-3). De maneira geral, ela é mais conhecida como "pecadora arrependida" do que como discípula fiel, testemunha missionária do Ressuscitado, apóstola de Cristo, protagonista de sua comunidade e expressão de nossa busca pelo Absoluto: Deus.

Claro que, ao lado da perspectiva de Dan Brown, há várias outras obras, inclusive sobre outros personagens bíblicos também presentes na literatura apócrifa e gnóstica. Em 2016, o australiano Gath Davis dirigiu o filme *Maria Madalena*. Nessa obra, Gath apresentou uma mulher inquieta que desafiou o pai e os hábitos sociais da época, tornando-se discípula amorosa e fiel de Jesus, profeta da Galileia: o Messias. Antes, outras renomadas personalidades também comentaram, a seu jeito e época, a vida de Maria Madalena ou a retrataram em diversas obras de arte espalhadas por igrejas, capelas ou expostas em museus.

No final de 2006, o saudoso arcebispo de Milão, Carlo Maria Martini, pregou em um retiro espiritual em Israel, no qual fez profundas e densas meditações sobre Maria Madalena. Segundo o cardeal jesuíta, ela é sinal do "excesso cristão", uma discípula "fora de si" que ultrapassou os limites de uma vida dominada pelo amor e que foi introduzida no coração de Deus. Outros estudiosos também se aproximaram de Maria Madalena, seguidora do Verbo feito carne (cf. Jo 1,14), na igual tentativa de encontrá-la na originalidade de seus traços iluminados pela fé de uma vida transformada a partir do encontro pessoal com Jesus, o Cristo de Deus (cf. Jo 20,11-18).

A partir das reformas do Concílio Vaticano II, iniciou-se a "redescoberta" de Maria Madalena, até então celebrada na liturgia da Igreja como uma "pecadora arrependida", por causa da errônea fusão de várias personagens dos evangelhos em uma única Maria. Em junho de 2016, o Papa Francisco solicitou à Congregação para o Culto Divino e a Disciplina dos Sacramentos que, no calendário litúrgico da Igreja, a antiga celebração de Santa Maria Madalena fosse elevada da categoria de "memória" para a de "festa". Foi elaborado um novo prefácio, inserido no Missal romano, próprio para essa festa, em que Maria Madalena recebeu o título de "Apóstola dos apóstolos", o qual já tinha sido aplicado antes por Santo Tomás de Aquino (1225-1274).[2] O papa destacou Maria de Magdala como a primeira testemunha do Ressuscitado e a mensageira que anunciou aos apóstolos, inclusive a Pedro, o líder dos Doze, a ressurreição do Senhor (cf. Jo 20,17).[3]

> Foi ele que, na manhã de Páscoa,
> chamando Maria de Magdala pelo nome,
> fez-se reconhecer como Senhor ressuscitado

---

[2] Cf. SANTO TOMÁS DE AQUINO. *Joannem Evangelistam Expositio*, c. XX, I., III, 6.

[3] Cf. SARAH, R. Testimone della divina misericordia. *L'Osservatore Romano*, Ano CLVI, 22 luglio, Città del Vaticano, 2016, n. 166, p. 8.

e lhe confiou a mensagem da vitória sobre a morte
e da sua glorificação junto do Pai.

Por essa revelação, àquela que é igual aos apóstolos,
com todos os anjos e os santos do céu...[4]

Na Sagrada Escritura encontramos muitas mulheres com o nome de Maria – Miriam. Era um nome bastante comum já àquela época e que significa "senhora/amada". Podemos destacar, no Antigo Testamento, Miriam, a irmã de Moisés, cantora da ação libertadora de Deus no Êxodo (cf. Ex 2,7; 15,1-21), e, no Novo Testamento, Maria de Nazaré, a Mãe de Jesus, o "Emanuel", Deus conosco (cf. Mt 1,23; Lc 1,26-38). Nos evangelhos, encontramos outras Marias, o que provocou muita desordem na delicada tarefa de identificar cada uma, sem confundir umas com as outras, ou de entender o processo de fusão oficializado pelo Papa Gregório Magno no século VI. A fusão das várias "Marias", citadas nos evangelhos, em uma única pessoa levou à perda da peculiaridade de cada personagem e causou confusões que custaram a Maria Madalena a má fama de "pecadora". São Gregório Magno afirmou que Maria Madalena, Maria de Betânia, irmã de Marta e de Lázaro (cf. Jo 11,1-45), e a anônima pecadora, que lavou os pés de Jesus com suas lágrimas, enxugou com os seus cabelos soltos e ungiu com perfume na casa de Simão, o fariseu (cf. Lc 7,36-50), eram a mesma pessoa: Maria Madalena, a protetora das mulheres arrependidas, dos cabeleireiros, dos jardineiros... Todavia, dentre todas as Marias, nenhuma, nem mesmo a Mãe do Senhor, é mencionada mais que

---

[4] Texto retirado do Prefácio da Liturgia das Horas ecumênica, celebrada em Bose, para a Festa de Maria Madalena, e publicada em *Preghiera dei giorni*. Disponível em: <https://www.ihu.unisinos.br/590941-vozes-que-nos-desafiam-celebracao-da-festa-de-santa-maria-madalena>.

Maria Madalena nos evangelhos, apesar de estar ausente dos escritos paulinos. Nos evangelhos seu nome é citado sempre em primeiro lugar, o que indica sua liderança, seu protagonismo e destaque na comunidade. Nos quatro evangelhos canônicos, ela aparece por último somente na cena do calvário, quando a Mãe de Jesus ganha preeminência ao lado do discípulo amado (cf. Jo 19,25-27).

Nesta obra, vamos meditar cada passagem dos evangelhos em que aparece a figura de Maria Madalena, assim como aqueles passos mais relevantes em que a tradição da Igreja – os santos padres – a identificou ou confundiu com outras mulheres.[5] Com Maria de Magdala, mulher forte e corajosa, Apóstola dos apóstolos, queremos voltar à "Galileia do primeiro amor", anunciar e testemunhar a todos, inclusive a Pedro e ao discípulo amado, o predileto do Senhor, a notícia que dividiu a história em um antes e depois e que marcou o destino da humanidade com o selo da esperança: Jesus Cristo ressuscitou.

Depois de percorrer e comentar os textos bíblicos seletos, apresentaremos a conclusão com algumas indicações para a espiritualidade. Maria Madalena é um ícone... Ela nos ensina a trilhar os caminhos que conduzem ao encontro do Ressuscitado, a passar da morte à vida, do pecado à graça, da Paixão à Páscoa. Depois de pisar em estradas tortuosas, declarou à Igreja: "Eu vi o Senhor" (Jo 20,18), uma das frases mais impactantes da Sagrada Escritura, expressão que sintetiza o caminho da fé pascal. Começava a missão que nunca termina.

---

[5] As expressões "os santos padres", "padres da Igreja" ou "patrística" se referem aos pensadores cristãos que se destacaram pela reflexão teológica, a pregação e a defesa da fé condensada na tradição da Igreja. Dentre os "padres" citados neste livro, destacamos Agostinho de Hipona e Gregório Magno. Da tradição escolástica, ressaltamos o *Doctor Angelicus*, de Tomás de Aquino.

I
MARIA DE MAGDALA, SEGUIDORA DE JESUS

"Eu durmo, mas meu coração vigia.
É a voz do meu amado, batendo: 'Abre-me...'" (Ct 5,2).

Madalena não era o sobrenome de Maria, pois, naquela época, as pessoas não usavam sobrenome. É um adjetivo para apresentá-la como natural de Magdala, aldeia de pescadores situada à margem ocidental do lago da Galileia, "pupila azul" da Terra Santa, entre as cidades de Tiberíades e Genesaré (cf. Lc 8,2).[1] Nessa região, Jesus chamou os primeiros discípulos e cumpriu boa parte de sua missão, embora os evangelhos não relatem nenhuma atividade do Mestre em Magdala, a "aldeia dos peixes" (cf. Mt 4,18-22; Mc 1,16-20; Lc 5,1-11). Ser conhecida como Maria de Magdala é um claro sinal de que se tratava de uma mulher independente, sem vínculos com uma determinada casa patriarcal ou com uma pessoa específica, mas que tinha posses suficientes para

---

[1] O termo "Magdala", em hebraico, tem significado semelhante ao da palavra *turris*, em latim, que, em português, é "torre". Nota-se que, no imaginário popular, a subida da torre é equiparada àquela da montanha, no sentido de aproximar-se do céu, a morada de Deus. A torre também é o lugar de guarda, da vigilância atenta da sentinela (cf. Sl 61,4).

ajudar Jesus e seus discípulos. Caso contrário, seria mencionada como o foi a sua amiga Joana, seguidora de Jesus e esposa de Cuza, um alto funcionário de Herodes (cf. Lc 8,2-3).

Nos textos bíblicos não encontramos nenhuma menção, nem mesmo de maneira indireta, sobre um suposto casamento de Jesus com Maria Madalena. Caso fosse verdade, tal notícia não seria omitida por todos os evangelistas e ela seria reconhecida como esposa de Jesus – "Maria de Jesus" –, e não como Maria de Magdala. O argumento de que ocultaram tal informação para protegê-la, juntamente com os filhos, da perseguição dos judeus não se sustenta, pois, a partir dos anos 70, com a destruição de Jerusalém pelos romanos, os judeus não representavam ameaça alguma. Observa-se ainda que boa parte dos livros do Novo Testamento foi elaborada no final do primeiro século, e os textos apócrifos ainda mais tarde.[2]

Maria Madalena, personagem histórica e uma das mais próximas seguidoras de Jesus, o Verbo do Pai que veio ao encontro da humanidade, aparece em todos os evangelhos e em muitos textos apócrifos ou gnósticos.[3] Figura exemplar na busca, encontro e diálogo com Jesus Cristo ressuscitado, ela é o modelo de uma pessoa que correspondeu com intensidade ao amor de Jesus. No coração dessa discípula do Senhor, transbordava o amor e a coragem de uma fé amadurecida em cada passo do tortuoso caminho de sua vida. Maria Madalena, a única que chorou a morte do

---

[2] Sobre esse tema, confira a entrevista da religiosa norte-americana Christine Schenk: <http://www.ihu.unisinos.br/entrevistas/505130mariademagdalagrandeapostoladosapostolosentrevistaespecialcomchrisschenk>.

[3] Os textos apócrifos ou gnósticos dedicaram bastante espaço e um papel de primeira grandeza a Maria Madalena. Cf. LANDRIVON, S. *Maria Maddalena*: la fine della notte. Brescia: Queriniana, 2019, p. 15-16.

Mestre, aponta para a nossa sede e busca de plenitude até chegarmos à experiência profunda e decisiva da graça do encontro com Jesus Cristo vivo, o Filho de Deus no meio de nós – o Emanuel –, Deus conosco (cf. Mt 1,23).[4] Ela é figura da Igreja, "torre fortificada" para no amor enfrentar os inimigos de Israel, conforme rezava o salmista (cf. Sl 61,4).

Peregrinando pelos evangelhos canônicos, encontramos essa mulher destemida, a qual conheceu e cultivou uma profunda relação pessoal com Jesus, que nos revelou o rosto do Pai (cf. Jo 14,8-14).[5] Na obra de Lucas, Maria Madalena e outras mulheres acompanharam Jesus desde o início de seu ministério na Galileia. Lucas nos informa que, junto com os Doze, o núcleo da comunidade apostólica, havia um grupo de discípulas, algumas das quais eram casadas e ajudavam Jesus com os seus bens.

---

[4]   O Quarto Evangelho afirma uma grande verdade: "A Deus, ninguém jamais viu" (Jo 1,18). O livro do Êxodo é categórico: "Ninguém pode ver Deus e permanecer vivo" (Ex 33,20). Mas, no coração de Maria Madalena, como em cada coração humano, há uma busca incansável de Deus. Maria de Magdala, depois de um tortuoso caminho, amadurecerá na fé e descobrirá que Jesus, seu Mestre, é Deus e que Deus é Jesus. Jesus é a imagem do Deus invisível. Para conhecer a Deus, precisamos antes conhecer Jesus, o Filho unigênito do Pai.

[5]   Paulo, apóstolo de Jesus Cristo, foi o primeiro teólogo a usar o termo "evangelho" – Boa Notícia – para designar a pregação dos missionários cristãos (cf. 1Ts 1,5; 2,2-8). Atualmente, usamos essa expressão para indicar os quatro primeiros livros do Novo Testamento. Os três primeiros (Mateus, Marcos e Lucas) são chamados de "sinóticos" – semelhantes –, enquanto o Quarto Evangelho, também conhecido como Evangelho de João, vem de uma tradição independente. Para aprofundar o tema da origem dos evangelhos, suas fontes e relações, semelhanças e diferenças, cf. BROWN, R. E. *Introdução ao Novo Testamento*. São Paulo: Paulinas, 2004, p. 171-203. SCHNACKENBURG, R. *El Evangelio Según San Juan*: version y comentário I. Barcelona: Herder, 1980, p. 56-73.

Estavam com ele os Doze, e também algumas mulheres que tinham sido curadas de maus espíritos e de doenças: Maria, chamada Madalena, de quem haviam saído sete demônios; Joana, mulher de Cuza, alto funcionário de Herodes, Susana, e muitas outras mulheres, que os ajudavam com seus bens (Lc 8,2-3).[6]

Nesta primeira alusão a Maria Madalena e às outras discípulas de Jesus, Lucas enfatiza a importância de "estar" com Jesus. O evangelista destaca a relação profunda entre os Doze, as discípulas e o Mestre, em que uns gozam da companhia dos outros juntamente com Jesus. À volta de Jesus formavam o embrião da comunidade cristã, partilhavam os mesmos ideais, experimentavam iguais fadigas e chegaram, por caminhos diferentes, ao mesmo destino: Deus. Os Doze, Maria Madalena e as outras discípulas são chamados, antes de tudo, a estar e a permanecer com Jesus, conforme ilustra a imagem dos ramos à videira (cf. Jo 15,5; Mc 3,14). Os discípulos e as discípulas, a exemplo de Maria de Betânia, irmã de Lázaro e Marta, sabem que estar com o Senhor e escutar a sua Palavra significa "escolher a melhor parte" (Lc 10,38-42). Essa proximidade com o Mestre provoca e desperta a nossa resposta generosa no discipulado e sustenta a adesão ao Senhor, que nos amou primeiro (cf. 1Jo 4,9-10).[7]

---

[6] Há divergências entre os exegetas com respeito ao fato de Maria Madalena e as outras mulheres servirem apenas Jesus ou também seus discípulos. Observa-se que, na tradução da CNBB, acompanhando outras traduções, como a Tradução Ecumênica da Bíblia (TEB), as mulheres serviam Jesus e os discípulos. Na conhecida Bíblia de Jerusalém encontramos, no lugar do plural, o singular: "Joana, mulher de Cuza, o procurador de Herodes, Susana e várias outras, que o serviam com seus bens" (Lc 8,3).

[7] Ao meditar sobre o "estar com Jesus", Santo Aníbal Maria Di Francia rezava, desde a sua veia poética: "Contemplarei Jesus com o olhar da minha mais

NA ESCOLA DO MESTRE DA GALILEIA

Ao acolher Maria Madalena e outras mulheres no grupo dos discípulos, Jesus rompeu com antigos preceitos de Israel, onde mulher alguma poderia seguir um mestre. A presença ativa e a participação das mulheres no grupo de Jesus eram inovadoras e totalmente contrárias aos hábitos da época. Os próprios discípulos ficaram admirados ao ver o Mestre a sós, conversando com a samaritana à beira do poço de Jacó (cf. Jo 4,27). Acolhendo as mulheres e os discípulos, o Mestre itinerante supera as barreiras da tradição judaica e apresenta uma alternativa a partir das pessoas marginalizadas, um fato considerado extravagante para o ambiente palestinense e também para a cultura greco-romana.[8] Nos Atos dos Apóstolos, Lucas destaca a importância e o papel das mulheres nas comunidades (cf. At 1,14; 12,12; 16,13; 17,4.12.34). Diferente dos rabinos de Israel, que dedicavam a vida a serviço da Torá e não recebiam as mulheres entre os seus discípulos, Jesus acolhe a todos indistintamente, e seus seguidores e seguidoras não chegarão a uma graduação, como nas escolas dos doutores da lei, mas serão discípulos e discípulas para sempre no cultivo cotidiano dos valores do Reino e no crescente vínculo com a sua pessoa, o Filho de Deus que armou a sua tenda no meio de nós (cf. Jo 1,14),

---

viva fé, no íntimo do meu coração, sempre habitando o mais profundo de minha alma, que me estimula a amá-lo, que me pede amor, que me atrai a ele... Escutá-lo-ei com os ouvidos da alma...". Cf. DI FRANCIA, A. M. *As quarenta declarações* III. São Paulo, 1985, p. 8-9. (Coleção Escritos Rogacionistas 1).

[8] No contexto de uma sólida estrutura patriarcal, o movimento de Jesus, com a presença de homens e mulheres, aparece como uma alternativa e difere dos doutores da lei e de outros mestres do povo de Israel. Cf. LANDRIVON, S. *Maria Maddalena*: la fine della notte. Brescia: Queriniana, 2019, p. 18.

ensinou o mandamento novo (cf. Jo 13,34-35) e nos recordou a graça do chamado: "Não fostes vós que me escolhestes; fui eu que vos escolhi e designei, para irdes e produzirdes fruto, e para que o vosso fruto permaneça" (Jo 15,16).[9] Importa observar também que Jesus não dá um novo mandamento para completar ou se somar àqueles de Moisés – o decálogo (cf. Ex 20,2-17; Dt 5,6-12). Esse "novo" é no sentido de qualidade superior, em substituição a todos os outros (cf. Jo 1,16-17). Essa é a lei de Jesus, surpreendente e perfeita, pois quem ama cumpre todos os mandamentos.

No Novo Testamento, a palavra "discípulo" indica todos os que acolheram a mensagem de Jesus e experimentaram uma adesão de vida à sua pessoa. Nos evangelhos, Jesus é chamado, inclusive por Maria Madalena, de Rabi ou *Rabbouni* (cf. Jo 20,16). Ele é o Mestre do povo de Deus que recebeu do Pai os seus discípulos e discípulas: "Ninguém pode vir a mim, se o Pai, que me enviou, não o atrair" (Jo 6,44). No caminho do discipulado, a pessoa é chamada a "nascer de novo", a moldar a vida com liberdade, generosidade e desapego dos bens, como testemunhou Maria Madalena, que dispôs as suas posses em prol da comunidade e da missão (cf. Lc 8,2-3; Jo 3,3).[10]

---

[9] Segundo o Deuteronômio, a instrução religiosa e o estudo da lei eram reservados somente aos homens – "os vossos filhos" –, e não às "vossas filhas" (cf. Dt 11,19). O apóstolo Paulo, escrevendo à comunidade dos Gálatas, observa que em Cristo Jesus não há mais distinção entre judeu ou grego, escravo ou livre, homem ou mulher (cf. Gl 3,28).

[10] Na Sagrada Escritura, o mais exemplar seguidor de Jesus é o discípulo amado, personagem exclusivo do Quarto Evangelho. Ele é modelo de pessoa que viveu com intensidade sua adesão ao Mestre da Galileia. Se Maria Madalena foi a primeira a ver o Cristo ressuscitado, o discípulo amado, como veremos mais adiante, foi o primeiro a chegar à fé na ressurreição do Senhor (cf. Jo 20,1-18). Cf. MAIA, G. L. *O discípulo amado*. São Paulo: Paulinas, 2021, p. 71-74.

A "escola de Jesus", situada no contexto da sólida estrutura patriarcal de Israel, era formada por homens e mulheres que participavam ativamente da missão do Messias e formavam a comunidade dos discípulos e discípulas que seguiam o Mestre da Galileia com igual liberdade e alegria. No grupo de Jesus não havia espaço para qualquer tipo de discriminação. Homens e mulheres eram acolhidos e tratados com igual dignidade.[11] Note-se que, dentre os evangelistas, Lucas é o que dedica um espaço maior às mulheres, a começar por Maria de Nazaré, a "Mãe do Senhor", além de introduzir Isabel, a mãe de João Batista, e outras figuras femininas, e, também, de apresentar Maria Madalena, Joana e Susana como modelos de discípulas que se colocam a caminho com Jesus, servindo e ajudando-o com os seus bens, atitude que não vemos em nenhum dos discípulos do Senhor.[12] Segundo Lucas, essas mulheres não eram um grupo de "beatas carolas", mas autênticas discípulas de Jesus, que acreditaram nele e assumiram o risco do discipulado em uma cultura e em um ambiente que viam como suspeita tal atitude, o que poderia provocar perigosas calúnias. O fato de Maria Madalena e as outras mulheres ajudarem o Mestre com as suas posses, não era algo incomum entre os seguidores de Jesus. Na Carta à comunidade cristã de Roma, Paulo agradece a

---

[11] Cf. LANDRIVON, S. *Maria Maddalena*: la fine della notte. Brescia: Queriniana, 2019, p. 173.

[12] No texto apócrifo conhecido como "Evangelho de Tomé", encontra-se uma cena que assinala certa dificuldade entre os discípulos e as discípulas de Jesus. A resposta do Mestre desconcerta Pedro. "Simão Pedro disse: 'Seja Maria afastada de nós, porque as mulheres não são dignas da vida'. Respondeu Jesus: 'Eis que eu a atrairei, para que ela se torne homem, de modo que também ela venha a ser um espírito vivente, semelhante a vós homens. Porque toda mulher que se fizer homem entrará no Reino dos céus'" (Evangelho de Tomé, 114).

diaconisa Febe, da comunidade em Cencreia, que também ajudava a muitos, inclusive ele (cf. Rm 16,1-2). O apóstolo também era grato a Lídia, mulher de elevada posição social que o acolheu e a outros seguidores de Jesus em sua casa (cf. At 17,4.12). Mas Lucas afirma que Maria de Magdala e as outras mulheres não apenas ajudaram o novo Rabi com os seus bens como também deixaram suas casas para seguirem – "estar/permanecer" – com ele. Tal atitude não era apenas uma novidade naquele ambiente, mas um gesto rebelde, atrevido e abusado, um escândalo do Mestre Galileu com seus seguidores e seguidoras, diante dos olhares severos dos judeus.[13]

UMA COMUNIDADE DE SERVIDORES E SERVIDORAS

Jesus veio para servir e não para ser servido (cf. Mt 20,28; Mc 10,45; Lc 22,27). Ele exerce o seu diaconato – serviço – no anúncio da Boa-Nova e nas práticas que sinalizam a chegada do Reino, com o qual Jesus se identifica plenamente (cf. Mc 1,14). Seu serviço é expressão do amor levado até as últimas consequências (cf. Jo 13,1). O serviço – a diaconia – de Maria Madalena e das outras discípulas era uma consequência da cura, semelhante àquela que aconteceu com a sogra de Pedro. Ela, depois de ser curada da febre por Jesus, também passou a servi-los (cf. Lc 4,39). No serviço com Jesus, entregue à causa do Reino, essas discípulas correspondiam ao amor do Mestre, que as libertou dos males. O serviço das discípulas é a resposta delas ao projeto do Reino

---

[13] Cf. BROWN, R. E.; FITZMYER, J. A.; MURPHY, R. E. *Grande Commentario Biblico*. Brescia: Queriniana, 1974, p. 1000.

MARIA MADALENA, DISCÍPULA PREDILETA DO SENHOR

de Deus, tema central da pregação de Jesus. Segundo Lucas, essas mulheres colocavam os seus bens à disposição do Mestre para ajudá-lo, acolhiam a sua mensagem e estavam com ele e os Doze. Mas o evangelista não esclarece se elas exerciam alguma atividade particular e qual era seu papel e influência junto ao grupo dos apóstolos (cf. At 12,12; 16,40). É importante observar que as ações de Jesus, radicais e inovadoras, acolhendo muitas mulheres no grupo dos seguidores e seguidoras, não se reduzem a algumas poucas passagens de sua vida, mas estão amplamente presentes na sua caminhada histórica.[14]

Normalmente, as mulheres eram responsáveis pela hospitalidade, cuidavam dos afazeres domésticos e organizavam muitos detalhes da vida da comunidade, e, no caso particular dessas discípulas de Jesus, acrescenta-se a ajuda econômica nas despesas do movimento do profeta de Nazaré (cf. Lc 10,40; 12,37; 17,8; 22,26-27; At 6,2).[15] Dentre elas, silenciosa e fiel, pelos caminhos da Galileia estava Maria Madalena, a primeira a ser citada pelo evangelista (cf. Lc 8,1-3; Mt 27,55-56). Nela, protótipo das seguidoras de Jesus, o evangelista nos aponta o itinerário de uma fé inquieta e corajosa que, a partir de sua experiência pascal, se abriu à missão no testemunho e no anúncio do Cristo. Maria de Magdala foi missionária da Páscoa quando tocou o Cristo ressuscitado, a vida nova que floresceu no jardim, depois do sacrifício da cruz (cf. Jo 20,1-18).

No Evangelho de Lucas, encontramos a cena de uma mulher anônima, pecadora de Jerusalém, que ungiu os pés de Jesus

---

[14]   Sobre a presença e o papel da mulher nas comunidades cristãs, cf. JEREMIAS, J. *Jerusalém no tempo de Jesus*. São Paulo: Paulinas, 1983, p. 473-478.

[15]   Cf. BOVON, F. *Luca 1*: Commentario del Nuovo Testamento. Brescia: Paideia, 2005, p. 469.

durante a refeição na casa de um fariseu chamado Simão (cf. Lc 7,36-50).[16] Tudo indica que essa mulher não pertencia ao grupo das seguidoras de Jesus, citadas logo em seguida (cf. Lc 8,2-3). Essa proximidade das cenas justifica a confusão de alguns que identificaram a anônima pecadora de Jerusalém com Maria Madalena, realidade que não se sustenta diante de uma leitura atenta do Evangelho, conforme veremos neste livro. O fato de Maria Madalena ser a primeira mulher citada pelo evangelista, logo após o episódio da pecadora que lavou os pés de Jesus com suas lágrimas e os enxugou com seus cabelos na casa de Simão, o fariseu, induziu a confusão entre ambas (cf. Lc 7,44). Essa tendência, até certo ponto natural, mesmo sendo equivocada, de identificar a anônima mulher pecadora com Maria Madalena, pelo simples fato de ela ter seu nome mencionado logo após a cena da pecadora arrependida na casa do fariseu Simão, justifica, ao menos em parte, tal confusão. Essa realidade ganha ainda mais fôlego quando a anônima pecadora, erroneamente identificada com Maria Madalena, da qual Jesus expulsou "sete demônios", é também confundida com outra mulher anônima: a adúltera que aparece no Quarto Evangelho (cf. Jo 8,1-11; Mc 16,9). Certamente, a liderança de Maria de Magdala incomodava e encontrava oposição dentro e fora da comunidade cristã; além disso, sua figura, identificada erroneamente com outras mulheres, foi, no passar dos anos, relegada a um plano que contradiz todos os evangelhos, como veremos mais adiante.

---

[16] Não resta dúvida de que se tratava de uma prostituta da cidade que, segundo o provérbio, jamais se deveria aproximar da residência de uma família e muito menos da porta da casa de um fariseu, onde nada de impuro poderia adentrar (cf. Pr 5,8). O óleo que ela traz era usado para massagear os clientes (cf. Ez 23,41; Pr 7,17), e os cabelos soltos assinalam o tema da sedução, conforme aparece na cena de Judite (cf. Jd 10,3).

OS SETE DEMÔNIOS

De acordo com os evangelhos de Lucas e Marcos, Jesus expulsou "sete demônios" de Maria Madalena (cf. Mc 16,9; Lc 8,2). Nos evangelhos, o demônio está na raiz de todos os males e se opõe ao projeto do Reino. Os "sete demônios" – número que assinala a totalidade – podem indicar o mal físico, o mal moral ou alguma outra ação do maligno, que, no Apocalipse, são sintetizados na metáfora do dragão, a antiga serpente do Gênesis, o Diabo, que ameaçava a mulher vestida de sol e queria devorar seu filho (cf. Gn 3; Ap 12,7-9).

No tempo e no ambiente de Maria Madalena, as doenças eram vistas como manifestações demoníacas e não necessariamente como consequências e castigos por faltas morais. Lucas afirma que outras seguidoras de Jesus também "tinham sido curadas de maus espíritos e de doenças" (Lc 3,2). É difícil precisar quais foram os "sete demônios" dos quais Jesus libertou Maria Madalena. O número "sete" nos leva a pensar em uma doença grave ou até mesmo crônica. Mesmo que não faltem interpretações que identifiquem esses demônios com um "desvio moral", o evangelista não oferece nenhuma pista para esclarecermos com segurança tal situação. Há também a possibilidade de que esses maus espíritos fossem amargura, tristeza, depressão ou ainda uma desordem interior.[17]

---

[17] Segundo o Cardeal Martini, há quatro possibilidades para compreender os "sete demônios" de Maria Madalena. Poderia ser desvio sexual e, nesse caso, ela seria identificada com a prostituta mencionada na cena anterior (cf. Lc 7,36); desvio psicológico e de saúde (depressão, esquizofrenia etc.); escravidão do pecado, sendo prisioneira de uma situação da qual não poderia sair e, por último, uma doença grave, com sérias desordens no seu interior. O

Os "sete demônios" sinalizam a libertação integral que somente Jesus pode oferecer. Maria Madalena traz na memória a dolorosa experiência do mal, mas também é testemunha grata ao Senhor pela libertação das forças do inimigo que conduz ao pecado. A fé em Jesus, que "andou fazendo o bem e curando a todos os que estavam dominados pelo diabo", nos sustenta na luta contra o mal e na busca constante de conversão e adesão ao projeto do Senhor (cf. At 10,38). Como seguidores e seguidoras de Jesus, que se entregou por nós, seguimos – a exemplo da discípula predileta do Senhor – combatendo com fé e esperança os inimigos do Reino. Trata-se de uma batalha travada corpo a corpo, que se estende pela vida de cada discípulo e discípula do Senhor. Muitas vezes, sentimo-nos "como cordeiros no meio de lobos", impotentes e ameaçados por testemunhar e anunciar o Evangelho do Reino e combater tudo o que é anti-Jesus (cf. Lc 10,3).

Jesus começou seu ministério na Galileia e foi nessa região que Maria de Magdala teve a graça de encontrá-lo. O Mestre anunciava a chegada do Reino de Deus. Nele, o Reino é uma realidade, identifica-se plenamente com sua pessoa. Ele é o Reino de Deus.[18] As pregações, as curas e os exorcismos testemunhados pelos seus discípulos e discípulas apontam para a realidade de seu Reino, que não é deste mundo (cf. Jo 18,36). O Reino de Deus é o coração da mensagem de Jesus. Não podemos reduzir o Reino à

---

evangelista não esclareceu ao que se referem os "sete demônios", e Maria Madalena guardou esse seu segredo. Cf. MARTINI, C. M. *Maria Maddalena*. Milano: Edizioni Terra Santa, 2018, p. 51-53.

[18] A palavra "reino" aparece 99 vezes nos evangelhos sinóticos, das quais 90 vezes foi pronunciada por Jesus. Alguns autores preferem a expressão "domínio de Deus". Cf. LOHFINK, G. *Jesus de Nazaré*: o que ele queria? Quem ele era? Petrópolis: Vozes, 2015, p. 39-81.

utopia de uma sociedade igualitária, confundi-lo com a Igreja ou projetá-lo para um paraíso distante. O Reino é a vida de Deus em nós, é dom que, junto com Maria Madalena, pedimos na oração que o Senhor nos ensinou – "Venha a nós o vosso Reino" (cf. Mt 6,10; Lc 11,2).[19] É pura graça, é a semente que germina silenciosamente até chegar a sua plenitude (cf. Mt 13,31-32). Mateus, que está em ambiente judaico, prefere chamar o Reino de Deus de Reino dos céus, para evitar pronunciar o santo Nome de Deus, ferir o mandamento da lei e escandalizar os judeus (cf. Ex 20,7).

Não sabemos detalhes da vida de Maria de Magdala antes do seu encontro com Jesus na Galileia, pois a conhecemos já a caminho, junto com os Doze e outras mulheres, seguindo as pegadas do Mestre. Mas o fato de ela ter sido libertada de "sete demônios" indica uma estrada de sofrimentos e feridas, curados pelo Senhor.[20] Se Maria de Nazaré vivia para o Filho, Maria de Magdala vivia graças a Jesus, que a libertou de "sete demônios".[21] Aquele Mestre "manso e humilde de coração" (cf. Mt 11,29), que chamava seus discípulos à beira-mar e falava das bem-aventuranças do Reino, transformou radicalmente a sua vida, mudou a sua história e abriu

---

[19] Cf. MAIA, G. L. *O Pai-Nosso:* palavra por palavra. São Paulo: Paulinas, 2020, p. 53-61.

[20] Ao comentar sobre Maria Madalena, da qual Jesus expulsou "sete demônios", o Papa Bento XVI disse: "Esta cura consiste numa paz verdadeira, completa, fruto da reconciliação da pessoa em si mesma e em todas as suas relações: com Deus, com os outros, com o mundo. Com efeito, o maligno procura corromper sempre a obra de Deus, semeando divisão no coração humano, entre corpo e alma, entre o homem e Deus, nas relações interpessoais, sociais, internacionais, e também entre o homem e a criação. O maligno semeia guerra; Deus cria paz". Cf.: <http://www.vatican.va/content/benedict-xvi/pt/angelus/2012/documents/hf_ben-xvi_ang_20120722.html>.

[21] Cf. BIANCHI, E. Donna del desiderio. *L'Osservatore Romano*, Ano CLVI, 21 luglio, Città del Vaticano, 2016, n. 165, p. 4-5.

horizontes de esperança (cf. Mt 5,1-12; Lc 5,1-11; 6,20-26). Curada dos maus espíritos, Madalena é servidora fiel, modelo de uma vida entregue à causa de Jesus e à disposição da comunidade.

Nos evangelhos, encontramos muitas outras Marias, dentre as quais se destaca essa discípula de Magdala, que se aproximou de Jesus e viu crescer nela um vínculo que a uniu cada vez mais fortemente a Cristo, no gradual processo do discipulado que nos molda como "vasos de argila" nas mãos de um habilidoso oleiro (cf. Jr 18,1-6; Rm 9,21; 2Cor 4,7). É a graça generosa que atua na humanidade e faz florescer o "homem novo". Mas, com a devida licença a Paulo, Apóstolo dos gentios, permita-me dizer: a "mulher nova", Maria de Magdala, seguidora amorosa e fiel de Jesus (cf. Ef 4,23-34; Cl 3,8-10).

II
MARIA MADALENA
NOS EVANGELHOS

"Eu vos conjuro, filhas de Jerusalém:
se encontrardes meu amado, o que lhe direis?
Que eu desfaleço de amor!" (Ct 5,8).

Nos evangelhos, a figura de Maria Madalena aparece no decorrer do ministério e nos momentos decisivos da vida de Jesus: na sua morte na cruz, no momento do sepultamento e na sua ressurreição.

Seguir Jesus é graça, vocação, chamado do Mestre, ao qual corresponde um movimento de ir atrás daquele que nos ama desde a eternidade (cf. Jr 1,5). No grupo de Jesus havia discípulos e discípulas itinerantes e outros residentes, como Lázaro, Marta e Maria de Betânia. Havia também os discípulos "secretos", como o fariseu Nicodemos e o rico José de Arimateia (cf. Jo 3,1-21; 19,38). A partir de Pentecostes, o termo "discípulo" foi progressivamente se estendendo a todas as pessoas que acolhiam o Evangelho na vivência do mandamento novo e na participação da comunidade, plataforma da qual elas partiam para a missão.

No caso das mulheres, importa notar os condicionamentos culturais, como a tutela do pai, a submissão ao esposo e outras rupturas e riscos enfrentados por Maria Madalena e as demais discípulas do Senhor.

NO EVANGELHO DE MATEUS

No Evangelho que abre o Novo Testamento, vemos Maria Madalena e outras mulheres assistindo de longe à crucificação e morte de Jesus. Elas o acompanharam desde o começo de seu ministério na Galileia:

> Grande número de mulheres estava ali, observando de longe. Elas haviam acompanhado Jesus desde a Galileia, servindo-o. Entre elas estavam Maria Madalena, Maria, mãe de Tiago e de José, e a mãe dos filhos de Zebedeu (Mt 27,55-56).

Segundo o Evangelho de Mateus, redigido em grego, por volta dos anos 80, Maria Madalena assistiu, junto à outra Maria, ao sepultamento do Mestre, realizado pelo abastado José de Arimateia, que se dirigiu a Pilatos e pediu autorização para sepultar o corpo de Jesus. Os quatro evangelistas mencionam a atitude piedosa de José de Arimateia, que providenciou o sepultamento do Mestre.[1] Se José de Arimateia teve tempo de pedir e receber de Pilatos permissão para sepultar o corpo do Senhor ainda na sexta-feira, antes de começar o sábado, que se iniciava no entardecer da sexta, isso significa que realmente Jesus morreu no meio da

---

[1] Segundo o Quarto Evangelho, José de Arimateia, um dos discípulos "secretos" de Jesus, contou com a ajuda do fariseu Nicodemos para sepultar o Senhor (cf. Jo 3,1-2; 19,39).

tarde – na "hora nona" – e foi sepultado às pressas (cf. Mt 27,45; Mc 15,33-37; Lc 23,44).

> Ao entardecer, veio de Arimateia um homem rico, chamado José, que também era discípulo de Jesus. Ele dirigiu-se a Pilatos e pediu o corpo... José, tomando o corpo, envolveu-o num lençol limpo e o colocou num túmulo novo, que mandara escavar na rocha. Em seguida, rolou uma grande pedra na entrada do túmulo e retirou-se. Maria Madalena e a outra Maria estavam ali sentadas, em frente ao sepulcro (Mt 27,57-61).

Mateus, que mediante sua catequese deseja fortalecer a fé de sua comunidade, os cristãos de origem judaica, fez referência à ida de Maria Madalena e outras mulheres ao túmulo, ao raiar do primeiro dia da semana, quando houve um forte terremoto. No túmulo, elas buscavam o corpo do Mestre, que morreu igual a nós. Era um túmulo novo, cavado na rocha, como novo era o ventre da Virgem, a jovem Maria de Nazaré. Nesse túmulo ainda sem uso, José de Arimateia colocou o corpo sem vida de Jesus.

Normalmente, os romanos deixavam os corpos dos condenados na cruz para os abutres. Mas os judeus preferiam sepultá-los em um lugar estabelecido pelas autoridades. Isso justifica o pedido de José de Arimateia a Pilatos, que, antes de entregar o corpo do crucificado, verificou com o centurião se Jesus já estava morto (cf. Mc 15,44). Os túmulos eram cavados na rocha, assemelhando-se a uma gruta na sua forma horizontal. Havia também uma pequena entrada que permitia o acesso das pessoas, bastando para isso que se inclinassem um pouco (cf. Jo 20,5). Os mais luxuosos tinham uma pedra circular que poderia ser movida e contavam com uma espécie de "antessala". Segundo as indicações de

Mateus, podemos imaginar que a entrada do túmulo de Jesus foi fechada por um bloco de pedra.[2] Naquela hora, quando o corpo do Senhor foi depositado no ventre da terra, Deus beijou a boca da humanidade... E aquele bloco de pedra selou a entrada do túmulo.[3] Essa pedra seria uma grande barreira a ser removida, quando mais tarde as discípulas fossem visitar o túmulo de Jesus. Mas o inesperado, por Maria Madalena e por todos os outros seguidores do Mestre da Galileia, aconteceu.

> [...] um anjo do Senhor desceu do céu e, aproximando-se, removeu a pedra e sentou-se nela (Mt 28,2).

De acordo com Mateus, junto ao túmulo estavam os guardas encarregados da vigilância, que certamente não permitiriam que as mulheres entrassem e ungissem o corpo de Jesus.[4] Esses guardas, após o terremoto e a aparição do anjo do Senhor, ficaram com medo, tremeram e desmaiaram. O anjo falou a Maria Madalena e às outras mulheres que Jesus havia ressuscitado e deu ordem para que elas fossem contar aos discípulos. Imediatamente elas partiram com grande alegria. Em seguida, de maneira repentina, viram e tocaram o Ressuscitado:

---

[2] Confira a descrição dos túmulos, segundo a arqueologia palestinense. In: BROWN, R. E. *Giovanni*. Assisi: Cittadella, 2020, p. 1.230.

[3] Cf. FAUSTI, S. *Una comunità legge il Vangelo di Matteo*. Bologna: Dehoniano, 2016, p. 593.

[4] No Quarto Evangelho, também conhecido como Evangelho de João, o autor menciona o costume dos judeus de visitar e chorar junto aos túmulos (cf. Jo 11,31). Ao encontrar o túmulo vazio, indício e não prova da ressurreição do Senhor, elas correram para dar a notícia aos discípulos. Mais tarde, os cristãos foram acusados pelos judeus de roubar o corpo de Jesus (cf. Mt 28,13).

> Vós não precisais ter medo... Ele não está aqui! Ressuscitou, como havia dito! [...] Ide depressa dizer a seus discípulos: "Ele ressuscitou dos mortos e vai à vossa frente para a Galileia. Lá o vereis...". E saindo às pressas do túmulo, com temor e alegria, correram para dar a notícia aos discípulos. Nisso, o próprio Jesus veio ao encontro delas e disse-lhes: "Alegrai-vos!" Elas se aproximaram e, abraçando seus pés, prostraram-se... (Mt 28,5-10).

Nessa passagem de profunda experiência pascal, quando Maria de Magdala e outras discípulas adoram o Senhor ressuscitado, cena que recorda outra página do Evangelho de Mateus, em que os Magos do Oriente se prostram e adoram o Menino na manjedoura (cf. Mt 2,11), percebe-se uma contradição entre a ordem do anjo, que pede às mulheres para anunciarem aos discípulos a ressurreição do Senhor, e a imediata e inesperada aparição do Ressuscitado. Segundo Mateus, Maria Madalena e as outras mulheres viram e tocaram Jesus ressuscitado. Já os discípulos verão o Ressuscitado mais tarde, sobre uma montanha na Galileia, e não nas proximidades do túmulo ou em Jerusalém (cf. Mt 28,16-20). Importa destacar que Maria Madalena e as demais mulheres não saíram para comunicar aos discípulos uma ideia ou falar de uma visão, junto ao túmulo, mas para dar testemunho e anunciar o Cristo ressuscitado, conforme disse o anjo e elas mesmas puderam comprovar, tocando os pés do Senhor. Se Jesus morreu como todo ser humano, agora ele vive e está no meio de nós "todos os dias, até o fim dos tempos" (cf. Mt 28,20). Observa-se também que o Evangelho não descreve a ressurreição de Jesus, mas indica o modo de encontrá-lo, ou seja, na Galileia, onde tudo começou, lugar da sua vida e missão. Mateus indica também o monte, isto é, a montanha das Bem-aventuranças, onde o Mestre pronunciou um sermão que sintetiza toda a sua mensagem e projeto (cf. Mt 28,16).

SEGUNDO O EVANGELHO DE MARCOS

Conforme Marcos, Maria Madalena acompanhou a crucificação de Jesus com outras mulheres a certa distância e fazia parte de um grupo de discípulas que serviam o Mestre, quando ele ainda estava na Galileia. Note-se que a realidade do discipulado não se ajusta com a situação de "distância" entre as discípulas e o Mestre. O seguimento é uma experiência de proximidade, de estar junto ao Mestre. Mas a presença dessas mulheres da Galileia, discriminadas entre os judeus e mencionadas pelo evangelista, sinaliza sua fidelidade e coragem em se arriscarem e se tornarem testemunhas do Mestre, que entregou a sua vida na cruz. De outra parte, Marcos afirma que todos os discípulos fugiram no momento da prisão de Jesus (cf. Mc 14,50). Muitas vezes, vacilamos na fé e fugimos, como os discípulos, ou apenas olhamos de longe, como as mulheres. Elas contemplavam o sofrimento inocente do Filho de Deus, impotentes diante de uma situação injusta e dolorosa. Um pouco mais adiante, no Evangelho de Marcos, Maria Madalena estará com Maria, mãe de Tiago e José, observando o sepultamento de Jesus ainda na sexta-feira, pois o dia de sábado, piedosamente guardado pelos judeus, começava no anoitecer do dia anterior.

> Estavam ali também algumas mulheres olhando de longe; entre elas, Maria Madalena, Maria, mãe de Tiago Menor e de José, e Salomé. Quando ele estava na Galileia, essas o seguiam e lhe prestavam serviços. Estavam ali também muitas outras mulheres que com

ele haviam subido a Jerusalém. [...] Maria Madalena e Maria, mãe de José, observavam onde ele havia sido colocado (Mc 15,40-47).

Em Marcos, o mais antigo dos evangelhos, escrito por volta dos anos 70 em Roma, Maria Madalena, Salomé e Maria, mãe de Tiago, também foram bem cedo ao túmulo. Segundo esse evangelista, elas compraram e levaram aromas para embalsamar o corpo de Jesus.[5] As mulheres viram o túmulo vazio e receberam do anjo a notícia da ressurreição de Jesus e a missão de ir anunciá-la aos discípulos e a Pedro. Mas elas não obedeceram ao anjo e fugiram assustadas, sem contar nada a ninguém. No entanto, se Marcos escreveu tal notícia, significa que elas contaram a notícia. O mais importante, porém, é observar o caminho de fé até chegar a crer na ressurreição de Jesus, conforme o anúncio do anjo e o testemunho dos discípulos e discípulas do Senhor.

> Ao entrar no túmulo, viram um jovem sentado ao lado direito, vestido com uma túnica branca, e ficaram muito assustadas. Ele, porém, disse-lhes: "Não vos assusteis! Buscais Jesus, o nazareno, o crucificado? Ele ressuscitou! [...] Ide, porém, dizer a seus discípulos e a Pedro: Ele vai à vossa frente para a Galileia; lá o vereis, como vos disse!" Então, trêmulas e fora de si, saíram e fugiram do túmulo e, tomadas de medo, não disseram nada a ninguém (Mc 16,5-8).

---

[5] Todos os evangelhos narram o episódio de uma mulher que ungiu Jesus. Segundo Mateus e Marcos, a unção foi na cabeça, em uma casa em Betânia (cf. Mt 26,6-13; Mc 14,3-9). De acordo com Lucas, Jesus foi ungido por uma pecadora – não se especifica o pecado dessa mulher arrependida e perdoada – na casa do fariseu Simão (cf. Lc 7,36-50). No Quarto Evangelho, a unção de Jesus se deu seis dias antes da paixão, feita por Maria, irmã de Marta e Lázaro (cf. Jo 12,1-8).

No epílogo do Evangelho de Marcos, ausente em alguns manuscritos antigos, Maria Madalena estava sozinha, quando Jesus lhe apareceu.[6] Marcos também recorda o tema do exorcismo, quando Jesus expulsou os demônios de Maria Madalena:

> Jesus apareceu primeiro a Maria Madalena, de quem tinha expulsado sete demônios. Ela foi anunciar o fato aos que acompanharam Jesus, e que estavam aflitos e choravam... não acreditaram (Mc 16,9-11).

É importante observar que Maria Madalena, aquela que mesmo a distância contemplou o sofrimento e a morte de Jesus na cruz, por caminhos tortuosos chegou à fé na ressurreição. Percebe-se o caminho da fé, que passa da realidade do calvário até alcançar a certeza da vitória da vida sobre a morte. As mulheres, que na manhã do primeiro dia da semana foram ao túmulo esperando encontrar um morto, viram um jovem vestido de branco com palavras de esperança e vida: "Ressuscitou". Lógico que, surpresas, com medo e trêmulas, saíram correndo assustadas. Mas, em seguida, confessaram a fé no Cristo, que, segundo testemunhou o centurião romano que estava ao pé da cruz na hora do último suspiro do Crucificado: "Verdadeiramente, este homem era Filho de Deus" (Mc 15,39).

A fé na ressurreição não é uma experiência qualquer e tampouco pode ser explicada de maneira satisfatória com um elaborado

---

[6] O epílogo de Marcos (16,9-20), com estilo e léxico diferentes do restante do Evangelho, não se encontra em importantes manuscritos. Alguns estudiosos consideram a hipótese de Marcos não ter conseguido concluir seu Evangelho. Outros acreditam se tratar de um acréscimo posterior, uma vez que os escritores achavam seu final inadequado (cf. Mc 16,8). Sobre esse tema, cf. BROWN, R. E.; FITZMYER, J. A.; MURPHY, R. E. *Grande Commentario Biblico*. Brescia: Queriniana, 1974, p. 897-898.

de palavras. Trata-se de uma realidade nova que os próprios discípulos e discípulas desconheciam e procuravam entender: "Eles guardaram para si o que foi dito, mas discutiam sobre o que significaria esse 'ressuscitar dos mortos'" (Mc 9,10). Claro que não se trata de um retorno a esta vida, da reanimação de um corpo que voltou para o meio de nós, como foi o caso da ressurreição de Lázaro e de outras pessoas reanimadas por Jesus (cf. Mc 5,22-35; Lc 7,11-17; Jo 11,1-44). Todos esses personagens, depois de certo tempo, morreram definitivamente. A ressurreição do Senhor é obra da Trindade santa, uma vida nova, um salto de qualidade que indica o futuro: a plenitude da vida em Deus. O destino do corpo de Jesus, que Maria Madalena desejava ungir com outras mulheres, conforme a tradição de Israel, é irrelevante, pois a nossa fé não se baseia no túmulo vazio, indício de que algo inesperado aconteceu, mas no Cristo vivo, vencedor da morte. Ele, o Filho de Deus, não conheceu a corrupção nem ficou na morte, mas está à direita do Pai, "primícias dos que adormeceram" em Deus, conforme a fé e a reflexão de Paulo (cf. 1Cor 15,20-34).[7]

Nos evangelhos, percebemos certa tendência, em seus respectivos autores, de materializar o Senhor ressuscitado, conforme vemos no episódio de Emaús, quando Jesus partiu o pão aos olhos dos discípulos, segundo a catequese bíblica e eucarística de Lucas (cf. Lc 24,30); ou, ainda, na cena antes da ascensão (cf. Lc 24,43) e também na pesca milagrosa, no suplemento do Quarto Evangelho (cf. Jo 21,1-14). Em duas dessas cenas, o Ressuscitado parecia estar com fome e pede algo para comer. Em várias narrativas

---

[7] Para aprofundar o tema da ressurreição de Jesus, a qual não foi descrita por nenhum autor do Novo Testamento, mas permanece um segredo entre o Filho, crucificado e ressuscitado, e o Pai, cf. RATZINGER, J. *Jesus de Nazaré, da entrada em Jerusalém até a Ressurreição*. São Paulo: Planeta, 2011, p. 217-247.

dos evangelhos, nota-se a "corporeidade" de Jesus ressuscitado, que traz no seu corpo glorioso as marcas da crucifixão, as quais Tomé foi chamado a tocar (cf. Jo 20,27). Mas não podemos deixar de considerar ainda que, se a ressurreição de Jesus fosse uma invenção de alguns dos seus discípulos, registrada pelos evangelistas, dificilmente esses apresentariam Maria Madalena como a primeira testemunha do Ressuscitado, em um ambiente que não dava crédito algum ao testemunho feminino. Seria mais lógico e convincente apresentar o testemunho masculino de Pedro e dos outros apóstolos. Se Maria Madalena foi privilegiada por ser a primeira a encontrar o Cristo ressuscitado, temos, então, um forte indício da veracidade dos fatos.[8]

NA OBRA DE LUCAS

Todos os evangelistas acolheram o testemunho e reconheceram a liderança e a missão de Maria Madalena, a Apóstola dos apóstolos. Segundo Lucas, Maria Madalena e outras mulheres ajudavam Jesus com os seus bens como "providência do Providente" (cf. Lc 8,1-3; Mc 15,40-41). Nos Atos dos Apóstolos, o segundo volume da obra lucana, encontramos outras famílias e mulheres que ajudavam financeiramente a missão evangelizadora dos seguidores e seguidoras de Jesus. Dentre elas, podemos destacar Lídia, comerciante de púrpura da cidade de Tiatira, benfeitora de Paulo (cf. At 16,12-15).

Lucas, como os demais evangelistas, também menciona a visita de Maria Madalena ao túmulo de Jesus. Conforme o costume da

---

[8] Cf. MAGGIONI, B.; FABRIS, R. *Os Evangelhos II*. São Paulo: Loyola, 1992, p. 478-483.

época, ela foi ao túmulo no terceiro dia, ainda bem cedo, sem receio de demonstrar seu profundo amor por Jesus. Lucas, que escreveu o seu Evangelho por volta dos anos 80, para comunidades de cultura greco-romana, afirmou que Maria Madalena e outras mulheres foram na madrugada do primeiro dia da semana ao túmulo – depois de guardarem o preceito do sábado (cf. Lc 23,56) – e levaram aromas com a intenção de ungir o corpo sem vida do Senhor.[9] Porém, encontraram o túmulo vazio e, perplexas, receberam de dois homens, com vestes resplandecentes, a inesperada notícia:

> No primeiro dia da semana, bem de madrugada, as mulheres foram ao túmulo, levando os aromas que tinham preparado. Encontraram a pedra removida do túmulo, mas, ao entrarem, não encontraram o corpo do Senhor Jesus. Ficaram perplexas, mas eis que se apresentaram junto delas dois homens com vestes resplandecentes... Por que buscais entre os mortos o vivente? Não está aqui. Ressuscitou! Lembrai-vos de como vos falou, estando ainda na Galileia... (Lc 24,1-6).

Maria Madalena e outras mulheres decidiram espontaneamente – e não a pedido do anjo, conforme o Evangelho de Marcos – ir contar aos discípulos que viram o Senhor. Mas estes não acreditaram no testemunho das mulheres e consideraram tudo como um delírio. Porém, Pedro, o líder dos Doze, correu ao túmulo e confirmou aquilo que as mulheres haviam dito:

> Voltando do túmulo, anunciaram tudo isso aos Onze, e a todos os outros. Eram elas Maria Madalena, Joana e Maria de Tiago.

---

[9] Culturalmente, era reservada às mulheres a função de cumprir certos ritos fúnebres e cuidar dos corpos. Cf. RASTOIN, M. Maria Maddalena e la risurrezione nel vangelo di Luca. *La Civiltà Cattolica*, Anno 172, 4100, Roma (2021), p. 108.

> Também as outras, que estavam com elas, contaram essas coisas aos apóstolos. Estes, porém, acharam tudo o que relataram um delírio e não acreditaram. Pedro, no entanto, levantou-se e correu ao túmulo... (Lc 24,9-12).[10]

No diálogo de Jesus com os discípulos de Emaús, que deixaram Jerusalém decepcionados e com o rosto sombrio, após a tragédia do calvário, eles recordaram ao "peregrino" desconhecido a visita das mulheres ao túmulo (cf. Lc 24,22-23).

> É verdade que algumas mulheres dentre nós nos deixaram espantados. Elas tinham ido, de madrugada, ao túmulo e, como não encontraram o corpo dele, voltaram dizendo que tinham visto anjos, os quais afirmaram que ele está vivo... (Lc 24,22-24).

Sem compreender os fatos, os discípulos de Emaús caminhavam feridos na esperança e representavam a comunidade abalada pela violência da cruz. Eles ainda não haviam percebido que o Ressuscitado estava junto deles e os acompanhava ao longo do caminho.[11]

No início dos Atos dos Apóstolos, depois da ascensão, Lucas também mencionou a presença de algumas mulheres com a Mãe do Senhor e os irmãos dele.

---

[10] No último capítulo do Evangelho de Lucas, encontramos três cenas no primeiro dia da semana: as mulheres encontram o túmulo vazio (cf. Lc 24,1-12), os discípulos de Emaús (cf. Lc 24,13-35) e a aparição do Ressuscitado aos Onze (cf. Lc 24,36-49). Segue-se a ascensão de Jesus (cf. Lc 24,50-53), que será retomada no início do livro dos Atos dos Apóstolos (cf. At 1,3-11).

[11] Cf. MAIA, G. L. *O jeito de Deus*: quando ele chama. São Paulo: Instituto de Pastoral Vocacional, Editora e Livraria, 2013, p. 73-84.

> Todos eles perseveravam na oração em comum, junto com algumas mulheres e Maria, mãe de Jesus, e com os irmãos dele (cf. At 1,14).

Provavelmente, Maria Madalena estava presente entre essas mulheres e podemos supor que talvez estivessem também no cenáculo, na festa de Pentecostes (cf. At 2,1-13). O Evangelho de Lucas dá um destaque maior à outra Maria, a jovem virgem de Nazaré, a "Mãe do Senhor" (cf. Lc 1,43). Maria de Nazaré, a Mãe de Jesus, que no Quarto Evangelho permanecerá com Maria Madalena, Maria de Cléofas e o discípulo amado, ao pé da cruz (cf. Jo 19,25-27), é imagem da Igreja aberta à ação do Espírito Santo, modelo de fé que amadureceu ao longo do caminho. Ela também é mulher servidora, figura da comunidade evangelizada e evangelizadora, que apresenta Jesus Cristo ao mundo.[12]

De modo geral, nos evangelhos sinóticos a figura de Maria Madalena aparece sempre com outras mulheres, compondo o grupo das seguidoras de Jesus junto aos Doze. O percurso de Maria Madalena e das outras seguidoras de Jesus coincide com o dos discípulos que seguiram o Mestre desde a Galileia até Jerusalém, tendo, depois da morte e ressurreição do Senhor, retornado à Galileia.[13] As mulheres também fizeram a experiência de estar com Jesus, de servi-lo enquanto discípulas e de ajudá-lo com os seus bens. Elas foram testemunhas e memória da vida e do ministério do Mestre; além disso, acompanharam-no – não fugiram –, mesmo que a certa distância, no caminho da cruz. De qualquer

---

[12] Para uma visão sobre a figura de Maria de Nazaré na obra de Lucas, cf. MAIA, G. L. *Itinerário espiritual de Maria de Nazaré*: meditações sobre o *Magnificat*. São Paulo: Ave-Maria, 2021.

[13] Cf. DE VIRGILIO, G. *Dizionario Biblico della Vocazione*. Roma: Rogate, 2007, p. 514-518 (Maria di Magdala).

maneira, percebe-se que a presença de Maria Madalena e das demais seguidoras teve peso e importância no movimento de Jesus e nas comunidades. Talvez os evangelistas pudessem destacar ainda mais o lugar e o papel dessas discípulas, junto com Maria Madalena, no grupo dos seguidores de Jesus, assim como sua relação com os Doze.

MADALENA E PAULO, DIFERENTES CAMINHOS

Nas cartas paulinas, não encontramos nada que fale sobre Maria Madalena, havendo apenas uma breve e a mais antiga alusão a Maria de Nazaré, a Mãe do Senhor (cf. Gl 4,4). Paulo, atencioso com as comunidades, nas suas epístolas focaliza a centralidade de Jesus Cristo, o Senhor crucificado e ressuscitado. Quando examinamos o mais antigo testemunho paulino sobre a ressurreição de Jesus – o *kerigma*, breve proclamação da mensagem, o primeiro e principal anúncio da fé cristã –, notamos que o apóstolo não menciona nenhuma mulher (cf. 1Cor 15,3-8).[14] No livro dos Atos dos Apóstolos, segundo e último volume da obra de Lucas, Paulo afirma que um grande número de testemunhas viu Jesus ressuscitado. Dentre estas, podemos supor a presença de Maria Madalena e de outras mulheres.

---

[14] Os especialistas reconhecem nessa passagem da Carta de Paulo à comunidade de Corinto, escrita por volta do ano 57, a mais antiga profissão da fé cristã, amadurecida no ambiente palestinense, por volta dos anos 30. Essa é a fórmula originária do *kerigma* – o núcleo da mensagem de fé proclamada pelos cristãos: a ressurreição de Cristo por obra do Pai. Cf. RATZINGER, J. *Il cammino Pasquale*. Milano: Ancora, 2000, p. 111.

Deus ressuscitou Jesus dos mortos e, durante muitos dias, ele foi visto por aqueles que o acompanharam desde a Galileia até Jerusalém, e que agora são suas testemunhas diante do povo (At 13,30-31).

Paulo, judeu de Tarso, na Cilícia (cf. At 21,39), autor de boa parte do Novo Testamento, que havia aprendido a fabricar tendas para garantir o próprio sustento e não ser um peso para as comunidades (cf. At 18,3), não apresenta Maria Madalena como testemunha ocular da ressurreição de Jesus.[15]

Diferentemente de Maria de Magdala, que seguiu Jesus desde a Galileia e foi testemunha de sua morte e ressurreição, Paulo não encontrou Jesus em vida, mas o acolheu na fé, a partir da sua experiência a caminho de Damasco (cf. At 9). O apóstolo, que se chamava Saulo – em hebraico Saul, nome do primeiro rei de Israel –, foi um zeloso fariseu "perseguidor da Igreja", que se converteu e entregou a sua vida à causa do Evangelho (cf. Fl 3,5-6).[16] Convicto e amadurecido na fé nos caminhos da missão, confessou: "Para mim, de fato, o viver é Cristo e o morrer, lucro" (Fl 1,21). Ou ainda: "O amor de Cristo nos impele..." (2Cor 5,14-15). Nas suas Cartas, encontramos muitos homens e mulheres ou famílias inteiras

---

[15] Dentre as 27 obras que formam o Novo Testamento, 7 são consideradas como escritas originais de Paulo. São elas: Romanos, 1 e 2 Coríntios, Gálatas, Filipenses, 1 Tessalonicenses e o bilhete a Filêmon. Para conhecer e aprofundar-se na vida e obra de Paulo, cf. BROWN, R. E. *Introdução ao Novo Testamento*. São Paulo: Paulinas, 2004, p. 549-564. Veja também: FABRIS, R. *Paulo, Apóstolo dos gentios*. São Paulo: Paulinas, 2001.

[16] Paulo nunca usa o termo "conversão" para o episódio de Damasco. O evento de Damasco não é uma "conversão" no sentido moral, e sim algo bem mais complexo e amplo. Foi um autêntico encontro com Jesus Cristo, que vai além do arrependimento e da mudança de mentalidade. Cf. MARTINI, C. M. *As confissões de Paulo*. São Paulo: Loyola, 1987, p. 15-22.

que colaboravam com a sua missão evangelizadora, como Prisca e Áquila, aos quais o apóstolo reconhecia o dever de gratidão por toda ajuda recebida (cf. Rm 16,4). Ou, ainda, o casal Andrônico e Júnia, dentre outros seguidores e seguidoras de Jesus que encontraram em Paulo não apenas um grande pregador como também um missionário capaz de acolher homens e mulheres e com eles partilhar os ideais e o serviço da evangelização (cf. Rm 16,7ss).

Paulo, judeu da diáspora que na sua juventude foi estudar em Jerusalém aos pés do rabino Gamaliel (cf. At 22,3), é uma figura de primeira grandeza na vida e na história da Igreja. Ele enfrentou muitas dificuldades, com amor e fé em Jesus Cristo, e recordava "as prisões, os excessivos açoites, as quarenta chicotadas menos uma, recebidas muitas vezes dos judeus, as varadas, os apedrejamentos, os três naufrágios que enfrentou com coragem, os perigos das viagens, a fome e sede, o frio e a nudez, os riscos e perigos por parte dos seus compatriotas, dos pagãos e dos falsos irmãos..." (cf. 2Cor 11,23-28). Às comunidades Paulo exortava com humildade: "Sejam meus imitadores, como também eu o sou de Cristo" (1Cor 11,1). Paulo foi martirizado em Roma, sob o império de Nero, no ano 67. Maria Madalena também conheceu muitos sofrimentos e foi duramente perseguida por causa de sua fé e profunda adesão a Jesus Cristo, conforme veremos mais adiante.

Paulo de Tarso e Maria de Magdala, por meio de diferentes caminhos, encontraram Jesus Cristo. Se ela seguiu o Mestre desde o início da caminhada na Galileia, Paulo, de perseguidor de cristãos a perseguido, por causa de Cristo, teve a sua experiência na estrada de Damasco, e ambos mudaram radicalmente o curso de suas vidas. Entretanto, do apóstolo conservaram-se seus escritos, assim como as comunidades, por ele fundadas e animadas, cresceram e se multiplicaram. Já a figura de Maria Madalena,

MARIA MADALENA, DISCÍPULA PREDILETA DO SENHOR

da qual não temos nenhum escrito "avalizado", excetuando-se as informações dos evangelhos canônicos, foi reduzida, ao longo dos séculos, no Ocidente, a uma memória litúrgica.[17] Hoje temos a possibilidade de nos aprofundar sobre a personalidade e os ideais desses dois grandes seguidores de Jesus Cristo: um conhecido como Apóstolo dos gentios e a outra como Apóstola dos apóstolos.[18] Ambos são amados e celebrados nas comunidades em saída missionária, atentas ao imperativo de Jesus: "Ide, pois, e fazei discípulos todos os povos..." (cf. Mt 28,19-20).[19]

---

[17] Há muitos textos apócrifos e gnósticos dos séculos II ao IV que destacam o protagonismo de Maria Madalena. Dentre eles, um dos mais comentados é o "Evangelho de Maria". Para aprofundar a figura de Maria Madalena na literatura apócrifa e gnóstica, cf. LUPIERI, E. *Una sposa per Gesù*: Maria Maddalena tra antichità e postmoderno. Roma: Carocci, 2019, p. 37-84.

[18] Segundo Christine Schenk, as discípulas de Jesus e de Paulo foram "apagadas da memória histórica ou degradadas a prostitutas, em favor de um modelo puro e inacessível, como o da Virgem Maria, Mãe de Deus". Cf. <http://www.ihu.unisinos.br/entrevistas/505130mariademagdalagrandeapostoladosapostolosentrevistaespecialcomchrisschenk>.

[19] Refletindo sobre a figura de Maria Madalena, a teóloga francesa Sylvaine Landrivon comentou que os apóstolos tiraram a sorte entre dois homens para ocupar o lugar de Judas Iscariotes, o traidor (cf. At 1,15-26). Isso é um claro sinal da incapacidade deles de superar o "antrocentrismo espontâneo", ao passo que, na ressurreição, Jesus Cristo rompeu todos os esquemas e apareceu primeiro às mulheres que deverão evangelizar – comunicar a Boa Notícia –, e não aos Onze que haviam escapado no momento da prisão e estavam reunidos e com medo no cenáculo (cf. Mt 28,10; Mc 16,7; Lc 24,9-12; Jo 20,18). Cf. LANDRIVON, S. *Maria Maddalena*: la fine della notte. Brescia: Queriniana, 2019, p. 174-175.

III
A DISCÍPULA PREDILETA DO SENHOR NO QUARTO EVANGELHO

"Para onde foi o teu amado, ó mais bela das mulheres?
Onde se escondeu [...]. Eu sou para o meu amado
e meu amado é para mim..." (Ct 6,1-3).

No Quarto Evangelho, de tradição independente, com uma atmosfera diferente daquela dos sinóticos, a figura de Maria Madalena aparece de modo excepcional em três cenas: está presente ao pé da cruz de Jesus (cf. Jo 19,25-27); aparentemente sozinha, ela foi e constatou que o túmulo estava vazio (cf. Jo 20,1); e teve o privilégio de ser a primeira a encontrar e dialogar com o Cristo ressuscitado, antes mesmo de Pedro e do outro discípulo, aquele a quem Jesus amava (cf. Jo 20,16-18).

FIDELIDADE AO PÉ DA CRUZ

No calvário, diante da cruz, Maria Madalena está junto com a Mãe do Senhor, além de Maria de Cléofas e do anônimo discípulo amado.

> Junto à cruz de Jesus estavam de pé sua mãe e a irmã de sua mãe, Maria de Cléofas, e Maria Madalena. Jesus, ao ver sua mãe e, ao lado dela, o discípulo a quem amava, disse à mãe: "Mulher, eis o teu filho!" Depois disse ao discípulo: "Eis tua mãe!" A partir daquela hora, o discípulo a acolheu em sua casa (Jo 19,25-27).

A presença silenciosa da Mãe do Senhor, de Maria Madalena, de Maria de Cléofas e do discípulo amado ao pé da cruz indica fidelidade ao Crucificado. Atento aos detalhes, o evangelista apresenta a maternidade espiritual de Maria de Nazaré, chamada a acolher o discípulo amado como seu novo filho, irmão de Jesus, de Maria Madalena e nosso irmão – a família de Deus (cf. Mc 3,25). A Mãe do Senhor, ao acolher o discípulo amado que a recebeu em sua casa, estendeu a sua maternidade sobre Maria Madalena e a toda a comunidade dos seguidores e seguidoras de Jesus, a "Palavra encarnada" que entregou a sua vida por cada um de nós e consumou a obra do Pai (cf. Jo 19,30).[1] Nessa hora pascal, Maria de Nazaré, mais que mãe biológica de Jesus, é exemplo de Igreja fiel e acolhedora, que cuida dos seus filhos e filhas com amor maternal. Se o discípulo amado é figura exemplar do Quarto Evangelho, protótipo dos seguidores de Jesus, temos nele, na Mãe, em Maria Madalena e na outra Maria, tia de Jesus, modelos para o discipulado, espelhos nos quais podemos nos inspirar e refletir nas comunidades. A presença desse discípulo e das discípulas ao pé da cruz fala por si mesma e contrasta com a ausência de Pedro e dos demais apóstolos. No calvário, Maria Madalena sinaliza o coração humano capaz de fidelidade, apesar do sofrimento e da cruz. Movida pelo amor, ela é discípula corajosa ao

---

[1] Cf. MAIA, G. L. *O discípulo amado*. São Paulo: Paulinas, 2021, p. 65-69.

lado do discípulo amado, da outra Maria e da Mãe do Senhor: todos prontos para enfrentar os riscos e permanecer fiéis ao Mestre.

Observa-se, nessa cena exclusiva do Evangelho de João (cf. Jo 19,25-27), que somente Jesus tem a palavra, enquanto o discípulo amado e as demais seguidoras do Mestre crucificado permanecem em silêncio. Em Mateus, Marcos e Lucas, as mulheres assistiram de longe à crucificação de Jesus (cf. Mt 27,55-56; Mc 15,40; Lc 23,49). No Quarto Evangelho, a unção e o sepultamento do corpo do Senhor foram feitos por duas figuras ilustres para os judeus, José de Arimateia e Nicodemos (cf. Jo 19,38-40), pois, se dependesse dos discípulos fujões, o corpo do Senhor teria sido abandonado em uma fossa comum reservada aos condenados. Recorda-se, ainda, que, no Evangelho de João, Jesus foi ungido por Maria de Betânia, irmã de Marta e Lázaro, seis dias antes da Páscoa (cf. Jo 12,3).

MARIA DE MAGDALA JUNTO AO TÚMULO DE JESUS

Após testemunhar a morte de Jesus na cruz, Maria Madalena, possuída pela tristeza e ferida na sua fé, lacrimejava desolada de saudade do Senhor. Ela chorava à semelhança do Mestre, que chorou a morte do amigo Lázaro (cf. Jo 11,35). Depois de guardar o dia de sábado, conforme a tradição de Israel, Madalena foi sozinha, quando ainda faltava a luz da fé, ao túmulo de Jesus. Uma atitude pouco recomendável para uma mulher, de arriscar-se a ir sozinha a um lugar onde sentenciavam os condenados, fora dos muros da cidade, mas que se justifica ao se considerar que o amor grita mais alto que os perigos do caminho – "o amor é forte como a morte" (cf. Ct 8,6).

> No primeiro dia da semana, ao amanhecer, enquanto ainda estava escuro, Maria Madalena foi ao túmulo e viu que a pedra tinha sido removida. Então, saiu correndo e foi ao encontro de Simão Pedro e do outro discípulo, aquele a quem Jesus amava. Disse-lhes: "Tiraram o Senhor do túmulo, e não sabemos onde o puseram". Pedro e o outro discípulo saíram, e foram ao túmulo. Os dois corriam juntos... (Jo 20,1-9).

Segundo o autor do Quarto Evangelho, dentre todos os seguidores de Jesus, quer homens ou mulheres, Maria Madalena foi a única a ir ao túmulo do Senhor no primeiro dia da semana, depois de guardar o sábado, conforme o costume dos judeus.[2] Na ausência dos raios luminosos da fé, ainda na sua noite escura, ela foi ao túmulo levada pelo amor a Jesus. Importa observar o contraste assinalado pelo evangelista nas expressões "ao amanhecer" e "ainda estava escuro" (cf. Jo 20,1), pois, se já amanheceu, então temos a luz do sol, mas no coração de Maria Madalena "ainda estava escuro".

De acordo com o Quarto Evangelho, Madalena não comprou aromas para embalsamar o corpo do Senhor e, mais ainda, atravessou sozinha a madrugada para aproximar-se do túmulo de Jesus e chorar sua morte. Com a habilidade que lhe é própria, o autor nos traz à memória a poesia do Cântico dos Cânticos: "Em meu leito, durante a noite, procurei o amado de minha alma. Procurei-o, e não o encontrei" (Ct 3,1). Chegando ao túmulo, sem saber da vitória da vida sobre a morte, Maria Madalena se surpreendeu ao ver a pedra removida e constatar que o corpo do

---

[2] A referência ao primeiro dia da semana recorda o livro do Gênesis, quando, no início da criação, Deus separou a luz das trevas (cf. Gn 1,1-5).

Senhor não estava mais ali. Assustada, Madalena saiu correndo, com destino certo: foi anunciar o acontecido a Pedro e ao discípulo que Jesus amava. Note-se que Maria Madalena usa o plural, quando conta a Pedro e ao discípulo amado que havia encontrado o túmulo vazio: "Tiraram o Senhor do túmulo e não sabemos onde o puseram" (Jo 20,2). Os biblistas observam que, na tradição sinótica, Maria Madalena aparece sempre acompanhada de outras mulheres. Para alguns especialistas, o autor do Quarto Evangelho também sabia da presença de outras mulheres, mas preferiu silenciar e destacar a figura de Maria de Magdala.[3]

O anúncio de Maria Madalena a Pedro e ao discípulo amado é uma exclusividade do Quarto Evangelho, que mostra os dois discípulos correndo ao túmulo para verificar os fatos narrados pela discípula de Magdala.[4] O jovem discípulo amado correu mais rápido, mas respeitou a autoridade de Pedro ao esperá-lo. Logo Pedro chegou e entrou no túmulo. Viram os panos dobrados, indicativo de que o túmulo não fora violado por ladrões, pois estes não teriam o cuidado de deixar tudo bem-arrumado, com o sudário enrolado à parte (cf. Jo 20,7). No entanto, nem Maria Madalena nem Pedro imaginaram a ressurreição, exceto o discípulo que Jesus amava, que, ao entrar no túmulo vazio, "viu e creu" (cf. Jo 20,8).

No Quarto Evangelho, Maria Madalena foi a primeira pessoa a ver o Senhor ressuscitado. E Pedro foi o primeiro dentre os Doze a ver o Cristo. Mas o discípulo amado acreditou na ressurreição,

---

[3] Cf. BOSETTI, E. *Vangelo secondo Giovanni (capitoli 12-21)*: amore fino all'estremo. Padova: Messaggero, 2014, p. 167.

[4] A presença de Pedro e do discípulo que Jesus amava no túmulo vazio atende à exigência do sistema jurídico de Israel, que exigia ao menos dois homens como testemunhas (cf. Dt 17,6; 19,15).

mesmo antes de o Senhor "aparecer".[5] Diferentemente de Tomé e dos demais seguidores de Jesus, ele foi o primeiro a dar o passo de fé e a acreditar na ressurreição do Senhor, embora sem vê-lo. Mas foi Maria Madalena, discípula amorosa e fiel, a primeira a encontrar e a dialogar com o Ressuscitado, que a chamou pelo nome no jardim onde floresceu a vida nova. Percebe-se na comunidade uma diversidade de temperamentos e mentalidades. Cada pessoa tem sua velocidade e seu jeito de ser. Maria Madalena é o afeto, o discípulo que Jesus amava é a intuição e Pedro, o mais lento, é a autoridade – a instituição. Mas todos são Igreja e cultivam a fé em Jesus Cristo no meio de nós.[6]

O ENCONTRO COM O RESSUSCITADO

Entretanto, Maria havia ficado perto do túmulo, do lado de fora, chorando. Enquanto chorava, inclinou-se, para olhar dentro do túmulo. Viu dois anjos, vestidos de branco, sentados onde tinha sido posto o corpo de Jesus, um à cabeceira e outro aos pés. Os anjos perguntaram: "Mulher, por que choras?" Ela respondeu: "Levaram o meu Senhor, e não sei onde o puseram". Depois de ter dito isso, virou-se para trás e viu Jesus, de pé, mas não sabia que era Jesus. Jesus lhe perguntou: "Mulher, por que choras? A quem procuras?" Pensando que fosse o jardineiro, ela disse: "Senhor, se tu o levaste, dize-me onde o puseste, e eu irei buscá-lo". Então, Jesus falou: "Maria!" Ela voltou-se e exclamou, em hebraico: "Rabuni!", que quer dizer: ó Mestre. Jesus disse: "Não me segures. Eu ainda não

[5] Cf. BROWN, R. E. *Introdução ao Novo Testamento*. São Paulo: Paulinas, 2004, p. 489.

[6] Cf. MARTINI, C. M. *O Evangelho segundo João*. São Paulo: Loyola, 1990, p. 109.

subi para junto do Pai, mas vai dizer aos meus irmãos que eu subo para junto do meu Pai e vosso Pai, meu Deus e vosso Deus". Então, Maria Madalena foi anunciar aos discípulos: "Eu vi o Senhor", e contou o que ele lhe havia dito (Jo 20,11-18).

Esta cena de extraordinária beleza, logo após Maria Madalena encontrar o túmulo vazio e dizer à Igreja, representada por Pedro e o discípulo amado, que o corpo de Jesus foi tirado do túmulo, começa com o choro da discípula predileta do Senhor, no jardim onde seu provado amor será premiado ao encontrar o Cristo ressuscitado.[7] Após os dois discípulos confirmarem o testemunho de Maria Madalena, eles retornaram para casa (cf. Jo 20,10). Sozinha, do lado de fora do túmulo, Maria Madalena derrama suas lágrimas e experimenta a angústia da ausência do Senhor. Ela chorava o amigo que morreu, o Mestre que tanto amava. Na ausência do Amado, ela chorou por amor. Mas, "Enquanto chorava, inclinou-se, para olhar dentro do túmulo. Viu dois anjos, vestidos de branco, sentados onde tinha sido posto o corpo de Jesus" (Jo 20,11-12). A presença dos anjos vestidos de branco – a cor da vida nova em Cristo – indica que o túmulo não é mais um ambiente de morte, mas lugar da fé amadurecida, capaz de transformar

---

[7] O capítulo 20 do Quarto Evangelho é formado por duas unidades literárias. Na primeira, temos a cena do túmulo vazio e o encontro de Maria Madalena com o Ressuscitado (cf. Jo 20,1-18). No restante do capítulo, temos a aparição do Senhor aos discípulos fechados no cenáculo, e, oito dias depois, uma segunda aparição no mesmo lugar, com a confissão de Tomé (cf. Jo 20,19-29). Logo, segue-se a conclusão do Quarto Evangelho (cf. Jo 20,30-31) e o seu suplemento (cf. Jo 21). Nesse capítulo pascal, vemos três sinais da ressurreição: o túmulo vazio, os encontros – "aparições" – com o Senhor e a profunda mudança dos discípulos, que se tornaram testemunhas e anunciadores de Jesus Cristo ressuscitado. Cf. DE VIRGILIO, G. *Donna, chi cerchi?* Una lettura vocazionale di Gv 20,1-29. Roma: Rogate, 2007, p. 19-21.

a tristeza em alegria (cf. Jo 16,20-22). Trata-se da gradual compreensão das Escrituras até chegar ao júbilo pascal (cf. Jo 20,9). Ao inclinar-se e olhar para dentro do túmulo, ela estava olhando para dentro de si mesma.

No jardim, Maria Madalena é a esposa que busca o seu esposo.[8] Movida pelo amor e sem saber para onde "levaram o meu Senhor" (Jo 20,13), ela "virou-se para trás" e viu Jesus, mas o confundiu com um jardineiro. Então Jesus lhe fez duas perguntas: "Mulher, por que choras? A quem procuras?" (Jo 20,15).[9] Essas perguntas lembram o encontro de Jesus com os seus primeiros discípulos, quando acolheram o testemunho de João Batista e foram atrás do Mestre movidos por curiosidade, estupor e alegria. Também aos discípulos, ainda no início de seu ministério, Jesus questionou: "Que procurais?". Eles responderam, perguntando: "Rabi – que quer dizer Mestre –, onde moras?". Respondeu Jesus: "Vinde e vereis!" (Jo 1,35-39). Tais perguntas assinalam a busca pelo sentido da vida e se repetem ao longo da experiência do discipulado, até o encontro com o Cristo.[10] Diante da pergunta de Jesus, que Maria Madalena pensava ser o jardineiro, o Ressuscitado

---

[8] O evangelista faz uma clara alusão ao casal primordial do Gênesis, Adão e Eva. No jardim do Éden, vemos os primeiros passos da humanidade que celebrou a antiga aliança (cf. Gn 2,7ss). A imagem do jardim é um contraponto ao caos do deserto. Cf. LURKER, M. *Dizionario delle immagini e dei simboli biblici*. Milano: Paoline, 1994, p. 95-96.

[9] No Quarto Evangelho, Jesus usa o apelativo "mulher" para três personagens: sua Mãe (cf. Jo 2,4; 19,26), a samaritana (cf. Jo 4,21) e Maria Madalena (cf. Jo 20,13). Cf. MATEOS, J.; BARRETO, J. *Vocabulário Teológico do Evangelho de João*. São Paulo: Paulinas, 1989, p. 199-200.

[10] Aos primeiros discípulos, Jesus interrogou: "Que procurais?" (Jo 1,38). A Maria Madalena, o Mestre não pergunta "o quê", mas "a quem". No Quarto Evangelho, essa mesma pergunta também é feita aos soldados, no momento da prisão de Jesus: "A quem procurais?" (Jo 18,4).

MARIA MADALENA, DISCÍPULA PREDILETA DO SENHOR

a chamou pelo nome: "Maria!". Então, anotou o evangelista, ela "voltou-se e exclamou, em hebraico: 'Rabuni!', que quer dizer, ó Mestre" (Jo 20,16). Nesse contexto, recordamos a cena dos discípulos de Emaús que caminhavam com o Ressuscitado sem reconhecê-lo, ou, então, dos discípulos pescadores que também não reconheceram Jesus, que estava na praia, até que o discípulo amado confessou: "É o Senhor" (cf. Jo 21,7).[11]

O "voltar-se", assim como o "inclinar-se" para olhar o túmulo (cf. Jo 20,11), indica, mais que uma realidade física, um movimento interior de Maria Madalena, que viveu a experiência única de encontrar o Cristo ressuscitado chamando-a pelo nome. Naquele momento, os sentimentos de angústia e tristeza cederam lugar para a alegria pascal.[12] Diante do Ressuscitado que pronunciou seu nome no jardim, Maria Madalena reconheceu o Mestre: "Rabuni". Ali, próximo do túmulo vazio, no jardim que recorda o Éden, terminou a noite espiritual de Maria Madalena, que desejava tocar Jesus, como nos caminhos da Galileia, quando o servia com seus bens (cf. Lc 8,2-3).[13] Mas a ressurreição não aponta para o passado. Maria de Magdala é chamada a olhar para o futuro e a abraçar a missão de anunciar o Cristo ressuscitado que se fez nosso irmão: "'Vai dizer aos meus irmãos que eu subo para junto do meu Pai e vosso Pai, meu Deus e vosso Deus'. Então, Maria

---

[11] Nos evangelhos, em um primeiro momento, os discípulos não reconheceram Jesus ressuscitado e chegaram a imaginar se tratar de um fantasma (cf. Lc 24,34). Cf. RATZINGER, J. *Jesus de Nazaré, da entrada em Jerusalém até a ressurreição*. São Paulo: Planeta, 2011, p. 237-243.

[12] Na casa de Betânia, Marta, irmã de Lázaro, cochichou no ouvido de sua irmã Maria: "O Mestre está aí e te chama" (Jo 11,28).

[13] A cena do diálogo e do encontro de Maria Madalena com Jesus ressuscitado nos recorda os versículos finais do Cântico dos Cânticos: "Tu, que habitas nos jardins, os amigos te escutam: faze-me ouvir tua voz!" (Ct 8,13).

Madalena foi anunciar aos discípulos: 'Eu vi o Senhor', e contou o que ele lhe havia dito" (Jo 20,17-18).[14]

TESTEMUNHO E ANÚNCIO

Madalena é imagem da Igreja-esposa, comunidade peregrina na fé, enviada a gritar ao mundo que Cristo vive. Seu anúncio é pleno de alegria e esperança na certeza da vitória da vida sobre a morte. O autor do Quarto Evangelho nos mostra que o discipulado iniciado na Galileia não terminou em lágrimas, junto ao túmulo, onde Maria Madalena foi tentar acalmar seu coração, de tal modo ferido que chegou ao cúmulo de falar com Jesus e não o reconhecer e, ainda, de confundi-lo com o jardineiro. Mas, ao ouvir seu nome pronunciado pelo Mestre, ela quer tocá-lo e abraçá-lo conforme o impulso do amor, ainda na sua fase "possessiva". Porém, Jesus não quer ser tocado, pois subirá para ofertar ao Pai toda sua obra, morte e ressurreição, antes de entregá-la a toda a humanidade (cf. Jo 17,1-5).[15] De agora em diante, Maria Madalena deverá tocar o Senhor na fé. Ao dizer para ela "eu subo para junto do meu Pai e vosso Pai", Jesus está nos dizendo que o seu modo de ser presença no meio do mundo mudou. Ele, o Verbo feito carne, agora está presente em Espírito.[16] Novamente,

---

[14] No episódio conhecido como a "aparição a Tomé", os discípulos usaram a mesma expressão utilizada por Maria Madalena na forma do plural: "Nós vimos o Senhor" (Jo 20,25).

[15] Cf. VANNI, U. Dalla fede al contatto con Gesù risorto: il messaggio pasquale di Giovanni 20. *La Civiltà Cattolica*, Anno 165, 3932, Roma (2014), p. 115-116.

[16] Cf. MARTINI, C. M. *O Evangelho segundo João*. São Paulo: Loyola, 1990, p. 110-112.

recordamos a cena dos discípulos de Emaús que reconheceram o Senhor ao partir do pão – a Eucaristia: "Então os olhos deles se abriram e o reconheceram. Ele, porém, desapareceu da vista deles" (cf. Lc 24,31).

No Evangelho de Lucas, o termo "tocar" é bem mais frequente do que no Quarto Evangelho. Jesus, segundo Lucas, toca e é tocado várias vezes e, mediante isso, acontecem as curas, a ponto de toda a multidão querer tocar nele, "porque dele saía uma força que curava a todos" (Lc 6,19). Ressuscitado, Jesus não nega um contato – toque – com Maria Madalena. Mas ele quer primeiro subir ao Pai para apresentar a sua obra. Depois irá ter com os discípulos fechados no cenáculo, quando soprará sobre eles o Espírito Santo e dirá a Tomé: "Põe o teu dedo aqui e olha as minhas mãos. Estende a tua mão, coloca-a no meu lado e não sejas incrédulo, mas crê" (Jo 20,27).

Ressuscitado, Jesus se refere a seus discípulos não como servos ou amigos, mas como "meus irmãos", e pede que Maria Madalena vá encontrá-los e anunciar-lhes que Cristo vive (cf. Jo 15,15; 20,17). É o salto qualitativo da fé, que passa do encontro com Cristo ao testemunho e anúncio da ressurreição: a missão. O autor do Quarto Evangelho, com sutileza e genialidade, nos mostra na vida de Maria Madalena o caminho progressivo do amadurecimento da fé em Jesus Cristo. Passado o drama do calvário, na manhã do primeiro dia da semana, ela estava desconsolada junto ao túmulo vazio. Depois, Madalena foi comunicar o fato à Igreja representada por Pedro e pelo discípulo que Jesus amava (cf. Jo 20,1-2). Logo ela retornou para as proximidades do túmulo, onde chorava sem saber que o Ressuscitado estava próximo. Ali mesmo, no jardim, lugar do florescer, Jesus veio encontrá-la e a chamou pelo nome: "Maria". A partir da fé em Cristo, seus olhos foram enxugados e também as lágrimas de cada um de nós.[17] Ela, movida pela graça que sempre nos surpreende, finalmente o reconheceu, chamando-o de "Rabuni – Mestre" (cf. Jo 20,16). Mas logo avançou na fé e se referiu ao Ressuscitado como "Senhor" (cf. Jo 20,18).[18] Note-se que é exatamente o mesmo título que o discípulo amado usou, quando anunciou aos demais pescadores, depois de uma noite de trabalho em vão e redes vazias: "É o Senhor" (cf. Jo 21,7).

Se Maria Madalena foi privilegiada por ser a primeira a deixar-se encontrar e dialogar com o Cristo ressuscitado, o seu "Mestre", agora, depois de um longo e tortuoso percurso na fé, a discípula de Magdala o chama de "Senhor". Já o discípulo amado, protótipo dos seguidores de Jesus, chegou à fé no Ressuscitado antes mesmo de vê-lo, pois ele "viu e creu" ao entrar no túmulo vazio (cf. Jo 20,8). Segundo o Quarto Evangelho, o caminho da fé é um itinerário de amor e esperança que se estende por toda a vida no seguimento de Jesus Cristo. Primeiramente, recebe-se a graça e enfrenta-se o risco de ir; então, segue-se com confiança

---

[17] Meditando sobre essa cena, o Papa Francisco comentou: Maria Madalena "é um exemplo para o caminho de nossa vida. Todos nós atravessamos momentos de alegria, de dores, de tristezas. Mas deixo uma pergunta: nós choramos? Tivemos aquela bondade das lágrimas que preparam os olhos para ver o Senhor? Olhando esta mulher que chora, nós também podemos pedir ao Senhor a graça das lágrimas. É uma linda graça... O choro nos prepara para ver Jesus". Cf. FRANCISCO. *La luce della parola*: il Vangelo di Giovanni letto dal Papa. Roma: Castelvecchi, 2020, p. 170-171.

[18] Santo Agostinho observou que Maria Madalena chamou o jardineiro de Senhor e Jesus de Mestre, pois, antes, ela o interrogava e, depois, o reconhecia. Cf. SANTO AGOSTINHO. *Commento al vangelo di Giovanni*. Roma: Citta Nuova, 1967, v. 2, p. 500.

em Jesus, mesmo sem ver. Depois do percurso da fé, quando o coração conjuga os verbos crer, esperançar e amar, é o momento de ver, se encontrar e dialogar com o Cristo ressuscitado, que nos chama pelo nome.[19]

Muitas vezes Tomé é recordado como um modelo negativo, que representa a incredulidade e a ausência de fé no Ressuscitado. Ele foi, no entanto, o apóstolo que fez a mais profunda e alta profissão de fé no Cristo, dizendo: "Meu Senhor e meu Deus" (Jo 20,28). No prólogo do Quarto Evangelho, lemos: "A Deus, ninguém jamais viu. O Deus Unigênito, que está no seio do Pai, foi quem o revelou" (Jo 1,18). Tomé escutou a palavra do Senhor na comunidade onde amadureceu – "viu" – e professou sua fé naquele que tinha as feridas e as marcas da cruz. Nas feridas de Cristo ressuscitado, Tomé descobriu a força da vida e o significado do amor. No interior da comunidade, ele passou do estupor à certeza da vitória de Cristo sobre a morte. O desafio está em passar do "ver para crer" ao "crer para ver", como aconteceu com o discípulo amado (cf. Jo 20,8). Por chegar à mais alta profissão de fé no Ressuscitado, Tomé é chamado de Dídimo (= gêmeo; cf. Jo 20,24). Mas gêmeo de quem? Tomé é gêmeo de si mesmo e de Cristo. Com o Dídimo, somos chamados ao mesmo itinerário pascal na comunhão da comunidade, a Igreja. Recorde-se ainda a cena da ressurreição de Lázaro, quando Tomé manifestou a sua disposição de morrer com Jesus (cf. Jo 11,16). Tomé, o discípulo amado, Maria Madalena, Pedro, a Mãe do Senhor e tantos outros personagens dos evangelhos... Todos são nossos irmãos na caminhada da fé.

---

[19] Cf. FORTE, B. *L'amore che salva nel Quarto Vangelo*: esercizi spirituali per tutti. Milano: San Paolo, 2015, p. 14.

A ressurreição de Jesus é a base da fé cristã e a fonte da qual jorra a esperança que suscitou no coração de Maria Madalena a alegria da vitória sobre a morte. É a partir dessa certeza que Maria de Magdala e os demais seguidores de Jesus secaram as lágrimas e foram corajosos para gritar ao mundo a Boa Notícia de Jesus Cristo, o Evangelho do Pai. Somente essa profunda experiência de fé pascal e a força do amor podem sustentar os discípulos e discípulas do Senhor em meio ao mundo que os odeia (cf. Jo 15,18). Tal fé, amadurecida e regada com as lágrimas derramadas ao longo do caminho, se traduz em testemunho e anúncio da mensagem de Jesus, o Mestre da Galileia que fascinou Maria Madalena e a cada um de nós.

SINOPSE

Segundo a tradição, há um só Evangelho de Jesus Cristo em quatro versões: Mateus, Marcos, Lucas e João. Após este percurso pelos quatro evangelhos canônicos, apresentaremos um quadro "sinótico" – termo grego que indica uma visão de conjunto – para enxergar em um só e rápido relance as semelhanças e diferenças relativas à visita de Maria Madalena e das outras mulheres ao túmulo do Senhor.[20]

---

[20] Esta sinopse – visão de conjunto dos quatro evangelhos – é uma adaptação daquela apresentada por Brown na sua obra sobre o Evangelho de João. Cf. BROWN, R. E. *Giovanni*. Assisi: Cittadella, 2020, p. 218-219.

MARIA MADALENA, DISCÍPULA PREDILETA DO SENHOR

A visita de Maria Madalena e de outras mulheres ao túmulo de Jesus				
	Mateus 28	*Marcos 16*	*Lucas 24*	*João 20*
Tempo	Fim do sábado. Ao raiar do primeiro dia da semana	Passado o sábado. No primeiro dia da semana bem cedo, ao raiar do sol	Primeiro dia da semana, bem de madrugada	Primeiro dia da semana, ao amanhecer, quando ainda estava escuro
Mulheres	*Maria Madalena* e outra Maria	*Maria Madalena,* Maria, mãe de Tiago, e Salomé	*Maria Madalena,* Joana, Maria de Tiago e outras	*Maria Madalena* No versículo 2, um plural: "não sabemos"
Objetivo	Foram ver o sepulcro	Compraram aromas para embalsamar Jesus	Levaram *aromas* que tinham preparado	Foi ao túmulo
Visão	Terremoto. *Um anjo* do Senhor desceu do céu	*Um jovem* sentado ao lado direito	*Dois homens* com vestes resplandecentes	Viu a pedra removida e foi dizer a Pedro e ao discípulo amado
Diálogo	*Não tenhais medo.* Jesus não está aqui! *Ressuscitou*	*Não vos assusteis.* Jesus, o nazareno, o crucificado, *ressuscitou*	Por que buscais entre os mortos o vivente? Não está aqui. *Ressuscitou*	Mais tarde viu *dois anjos* vestidos de branco *Viu Jesus de pé*
Missão	*Ide* dizer a seus *discípulos*: Ele ressuscitou dos mortos e *vai à vossa frente para a Galileia. Lá o vereis*	*Ide*, porém, dizer a seus *discípulos e a Pedro*: Ele *vai à vossa frente para a Galileia; lá o vereis*	Voltando do túmulo, anunciaram tudo aos *Onze* e a todos os outros	Vai dizer aos *meus irmãos...* Foi anunciar aos *discípulos*

IV
APÓSTOLA DOS APÓSTOLOS

"Tu és bela, minha amada, como Tersa,
formosa como Jerusalém...
Afasta de mim teus olhos,
pois eles me perturbam.
Teus cabelos..." (Ct 6,4-5).

Ao confrontarmos a cena da visita de Maria Madalena ao túmulo no amanhecer do primeiro dia da semana e o seu encontro com Jesus ressuscitado no Quarto Evangelho (cf. Jo 20,1-2.11-18), com as narrativas dos sinóticos (Mt 28,1-10; Mc 16,1-8; Lc 24,1-12), evidenciamos as semelhanças e as diferenças. É importante lembrar que os evangelhos são reflexões amadurecidas ao longo do caminho, à luz da fé em Jesus Cristo, e considerar que os evangelistas buscavam promover e catequizar as comunidades.[1] Algumas discrepâncias entre eles foram esclarecidas pelo fato de colherem informações de fontes variadas. Outras

---

[1] Observe-se que os evangelhos não são crônicas nem relatos históricos da vida de Jesus, de seus discursos e de suas ações, mas reflexões de fé das comunidades que acolhiam e vivenciavam a sua mensagem. Os quatro evangelhos, com suas semelhanças e diferenças, revelam as experiências das comunidades e suas respectivas sensibilidades. São teologias dos seguidores e testemunhas do Cristo ressuscitado.

pequenas diferenças podem ser explicadas quando se consideram as inevitáveis adversidades pelas quais passaram as tradições orais. Existem também as diferenças introduzidas intencionalmente por cada evangelista, conforme a sua reflexão teológica e a realidade de sua respectiva comunidade.

No Quarto Evangelho, Maria Madalena foi sozinha ao túmulo. Esse evangelista não menciona nada sobre o tema dos aromas, ausente também em Mateus e citado por Marcos e Lucas (cf. Jo 19,39). De acordo com o Quarto Evangelho, diante do túmulo vazio, Maria Madalena não viu ninguém e não encontrou anjo algum.[2] Ela apenas viu a pedra removida e correu ao encontro de Pedro e do discípulo amado para dar a notícia do túmulo vazio, mas não da ressurreição (cf. Jo 20,1-2). Segundo o Evangelho de João, Maria Madalena, depois de comunicar a Pedro e ao discípulo amado que havia encontrado o túmulo aberto sem o corpo do Senhor, voltou ao jardim, e foi aí que confundiu Jesus com um jardineiro. Ali Jesus a chamou pelo nome, e ela reconheceu o Mestre. A pedido do próprio Jesus, Madalena foi ao encontro dos discípulos e contou-lhes o que havia acontecido (cf. Jo 20,13-18). Observe-se que, em Mateus, as mulheres se aproximaram, abraçaram os pés de Jesus e se prostraram diante dele, que pediu que elas dissessem aos seus discípulos para se dirigirem à Galileia: "Lá me verão" (cf. Mt 28,9). No Quarto Evangelho, Jesus não permitiu que Maria Madalena o tocasse, porque ainda não havia subido ao Pai, mas pediu que ela contasse a seus "irmãos" que ele subiria para o Pai (cf. Jo 20,17).

---

[2] Segundo o Evangelho de Mateus, elas viram o "anjo do Senhor"; em Marcos, viram "um jovem" e, em Lucas, "dois homens vestidos de branco" (cf. Mt 28,2; Mc 16,5; Lc 24,4).

Todos os evangelistas mencionaram a presença de Maria Madalena, ou das mulheres, na manhã do primeiro dia da semana, junto ao túmulo vazio. Ainda no início da caminhada das comunidades, esses textos, com suas diferenças, foram usados pelos adversários dos cristãos para contradizer a ressurreição de Jesus, tema central de nossa fé, como bem recordou Paulo: "Se Cristo não ressuscitou, vã é a nossa pregação, e vã nossa fé" (1Cor 15,14). É importante recordar que a memória de Maria Madalena, primeira testemunha da ressurreição, foi duramente atacada pelos inimigos da fé e da Igreja. Celso, pensador grego do segundo século, criticava de modo implacável os cristãos por acreditarem no delírio de uma "mulher exaltada". Tais acusações provocaram diversas reações, que acabaram prejudicando a justa compreensão do papel das mulheres na Igreja.[3]

Eusébio (265-339), bispo de Cesareia, considerado o pai da história da Igreja, fez um grande esforço na tentativa de harmonizar as muitas diferenças entre as várias narrativas dos evangelhos. Ele chegou a sugerir diversas idas da mesma mulher – Maria Madalena – ao túmulo.[4] Tal proposta destacou ainda mais o papel de Madalena como testemunha solitária da ressurreição. Coube à discípula de Magdala a missão de comunicar a notícia da ressurreição do Senhor aos demais seguidores de Jesus, inclusive a Pedro, o líder dos Doze, figura da Igreja.

É interessante notar que nenhum dos evangelistas cita Maria, a Mãe do Senhor, depois da morte de Jesus na cruz. Lucas

---

[3] Orígenes, escritor cristão (185-252), dentre suas obras, dedicou uma contra Celso, severo crítico do cristianismo. Cf. ORÍGENES. *Contra Celso*: Patrística. São Paulo: Paulus, 2004, p. 107-113 (n. 60 e 70).

[4] Cf. LANDRIVON, S. *Maria Maddalena*: la fine della notte. Brescia: Queriniana, 2019, p. 25.

mencionou a presença silenciosa da Mãe de Jesus e de seus irmãos, junto com os Onze, no início dos Atos dos Apóstolos, após
a ascensão do Senhor (cf. At 1,14). Maria de Nazaré, a mulher
"cheia de graça" (cf. Lc 1,28), sinaliza a unidade da comunidade
pós-pascal de Jerusalém, lugar da chegada de Jesus – sua morte e
ressurreição – e ponto de partida para a missão dos discípulos e
discípulas do Senhor à luz do Espírito Santo, recebido no cenáculo
na festa de Pentecostes (cf. At 2,1-13). Maria de Nazaré, imagem
e Mãe da Igreja, foi a primeira a experimentar, na intensidade
da fé e no silêncio do coração (cf. Lc 2,51), o mistério do Verbo
feito carne (cf. Jo 1,14).[5] Nela, Deus veio encontrar a humanidade, dela nasceu Jesus, o crucificado e ressuscitado que encantou
Maria Madalena chamando-a pelo nome, secando suas lágrimas,
restituindo-lhe a esperança e sinalizando para a plenitude da vida
(cf. Jo 20,16). No Quarto Evangelho, vimos o encontro de várias
"Marias" ao pé da cruz (cf. Jo 19,25-27). Dentre elas, a Virgem de
Nazaré, Mãe do Senhor, representante singular da comunidade
fiel, guardada para o seu Deus, e Maria de Magdala, símbolo da
comunidade-esposa.

MARIA MADALENA E AS OUTRAS MARIAS, UM GRANDE EQUÍVOCO

De maneira resumida, podemos afirmar que os padres da
Igreja enfatizaram Maria Madalena como a primeira testemu-
nha da ressurreição de Jesus. Segundo Tertuliano (160-220),
Maria Madalena aproximou-se de Jesus não por curiosidade ou

---

[5]   Cf. MAIA, G. L. *Itinerário espiritual de Maria de Nazaré*: meditações sobre
      o *Magnificat*. São Paulo: Ave-Maria, 2021, p. 55.

incredulidade, mas por amor e fidelidade.[6] Alguns padres, como Santo Ambrósio (340-397), refletiram sobre a interioridade de Madalena, sobre sua busca de conversão e adesão ao Cristo, símbolo da Igreja e da figura feminina.[7] Para São João Crisóstomo (359-407), Maria Madalena, "que se consolava olhando para o túmulo", foi premiada pelo seu grande zelo, próprio da natureza feminina. Ele também observa que Maria de Magdala nutria um amor extraordinário pelo Mestre.[8] São Cirilo de Alexandria (376-444) assinalou a dupla honra de Maria Madalena, a de ser a primeira a anunciar a ressurreição de Jesus e a de redimir as mulheres do peso que recaía sobre Eva.[9] Santo Agostinho (354-430) também afirmou que ela foi a primeira a ver e a venerar o Ressuscitado.[10]

Em algumas reflexões desses ilustres teólogos da Igreja, vemos a identificação equivocada de Maria Madalena com a pecadora, que, na casa do fariseu Simão, ungiu os pés de Jesus e os enxugou com seus cabelos soltos (cf. Lc 7,36-50), ou com Maria de Betânia – modelo de escuta e silêncio diante do Senhor –,

---

[6] Cf. TERTULIANO. *Contro Prassea*: opere dottrinali. Roma: Città Nuova, 2010, p. 527-529.

[7] Santo Ambrósio reconheceu que Maria Madalena foi a primeira a adorar o Cristo ressuscitado, quebrando a "cadeia hereditária do pecado". Cf. SANTO AMBRÓSIO. *Lo Spirito Santo, il mistero dell'incarnazione del Signore*: opera omnia. Roma: Città Nuova, 1979, p. 303.

[8] JOÃO CRISÓSTOMO. *Commento al vangelo di Giovanni*. Roma: Città Nuova, 1970, v. 3, p. 245-250.

[9] Ao comentar essa página do Quarto Evangelho, Cirilo reconheceu Maria Madalena como uma mulher "sapientíssima", plena de afeto pelo Senhor. Cf. CIRILO DE ALEXANDRIA. *Commento al Vangelo di Giovanni*: collana di testi patristici. Roma: Città Nuova, 1994, v. 3, p. 464-478.

[10] SANTO AGOSTINHO. *Commento al vangelo di Giovanni*. Roma: Città Nuova, 1967, v. 2, p. 499-504.

que foi elogiada por Jesus por ter escolhido a melhor parte (cf. Lc 10,42; Jo 11,1-45).[11] Essa fusão da "pecadora arrependida" com Maria de Betânia e, ainda, com a anônima mulher adúltera do Evangelho de João (cf. Jo 8,1-11), em uma única Maria, a discípula de Magdala, foi "oficializada" por São Gregório Magno, papa entre os anos 590 e 604. Em várias homilias sobre o perdão, Gregório Magno identificou Maria Madalena com a pecadora arrependida.[12]

Foi a partir do Papa Gregório Magno que as mulheres mencionadas pelos evangelistas foram identificadas com uma mesma pessoa: Maria Madalena. Essa fusão de Maria Madalena com Maria de Betânia e a pecadora anônima do Evangelho de Lucas em uma só Maria é uma realidade da Igreja do Ocidente, que celebra sua festa litúrgica no dia 22 de julho. No Oriente, que distingue sabiamente cada personagem, Maria Madalena é celebrada nessa mesma data, enquanto Maria de Betânia é recordada no dia 4 de junho.

Nos séculos seguintes, no Ocidente, a identidade e os traços singulares da discípula de Magdala serão esquecidos ou confundidos com outras mulheres dos evangelhos, sem considerar a individualidade de cada pessoa. Ao longo da história, foi sendo criada progressivamente uma personagem certamente estranha àquela mulher corajosa, liberta de todos os maus espíritos – "sete demônios" –, a qual seguiu Jesus desde a Galileia, que o ajudava com seus bens e que é sempre mencionada em primeiro lugar

---

[11] É importante observar que, entre os teólogos citados, Tertuliano e João Crisóstomo distinguiram sabiamente as várias mulheres que aparecem nos evangelhos. Cf. LUPIERI, E. *Una sposa per Gesù*: Maria Maddalena tra antichità e postmoderno. Roma: Carocci, 2019, p. 125.

[12] Cf. GREGÓRIO MAGNO. *Omelie sui Vangeli*. Roma: Città Nuova, 1994, p. 310-327; 423-437.

pelos evangelistas, os quais reconheciam seu protagonismo (cf. Lc 8,2-3). No seu lugar, foi colocada uma personagem mundana, de má reputação, uma prostituta arrependida, que ocultou a figura de uma grande seguidora de Jesus Cristo, considerada por alguns como a "décima terceira apóstola", missionária e líder de uma das primeiras comunidades cristãs.[13]

Maria de Magdala, que foi perdoada e muito amada por Jesus, privilegiada por ser a primeira pessoa a encontrar e dialogar com o Ressuscitado que pronunciou seu nome, será retratada no Ocidente, especialmente durante a Idade Média (séculos V a XV), em muitas reflexões, na literatura, nas esculturas, nas telas e, por fim, no cinema, como símbolo do pecado e da imoralidade redimida por Cristo. Ironia infeliz, diante do Mestre misericordioso que, em Maria Madalena, encontrou uma discípula autêntica, uma mulher decidida, generosa, fiel e apaixonada, com muita sede do Infinito. Uma "torre" de guarda e vigilância da comunidade-esposa amorosa, que recebeu do Senhor a missão de ser Apóstola dos apóstolos.[14]

DE PECADORA ARREPENDIDA A DISCÍPULA EXEMPLAR DE JESUS

As afirmações do Papa Gregório, que influenciaram de modo significativo a tradição da Igreja no Ocidente, explicam-se

---

[13] No Oriente, Maria Madalena é lembrada como sendo "igual aos apóstolos". No Ocidente, como Apóstola dos apóstolos, mas sem nenhuma valência ao ministério ordenado. Cf. BIANCHI, E. Donna del desiderio. *L'Osservatore Romano*, Ano CLVI, 21 luglio, Città del Vaticano, 2016, n. 165, p. 5.

[14] Cf. TOMÁS DE AQUINO. *Commento al Vangelo di Giovanni*. Roma: Città Nuova, 1992, v. 3, , p. 388.

quando consideramos a quantidade de Marias mencionadas nos evangelhos: Maria, a Mãe do Senhor, Maria Madalena, Maria de Betânia, Maria, a mãe de Tiago, Maria de Cléofas e a "outra Maria". Se a Igreja no Ocidente uniu algumas mulheres, reconhecendo-as em uma única pessoa, Maria Madalena, a tradição do Oriente, conservou a distinção de cada uma das discípulas de Jesus e atribuiu a elas, na sua individualidade, diferentes símbolos. Segundo a tradição oriental, Maria Madalena terminou seus dias na cosmopolita cidade de Éfeso, para onde o apóstolo João levou a Mãe de Jesus.[15] Já a tradição ocidental afirma que Maria Madalena fugiu para a França, escapando das perseguições aos cristãos. Ali ela anunciou e testemunhou o Evangelho e passou os últimos trinta anos de sua vida recolhida em uma gruta, onde faleceu aos 64 anos.[16]

Nas últimas décadas, a Igreja vem intensificando o esforço para superar alguns equívocos e desafios que marcaram sua caminhada histórica. O Concílio Vaticano II, convocado pelo Papa João XXIII no Natal de 1961 e inaugurado em outubro do ano seguinte, é expressão desse esforço da Igreja para assimilar e

---

[15] Éfeso, na Turquia, é uma importante cidade portuária na Ásia Menor, marcada pela riqueza de múltiplas culturas e lugar de confluência das tradições de dois importantes seguidores de Jesus Cristo: Paulo e João. Cf. DOS SANTOS, P. P. A. A cidade de Éfeso, uma comunidade de Paulo a João: história e tradição no Novo Testamento. *Coletânea*, Rio de Janeiro, Ano XIII, fascículo 25, p. 144-159, 2014.

[16] Na Basílica de São Maximiliano, na França, pode-se visitar as relíquias de Santa Maria Madalena. Trata-se dos ossos de uma mulher de origem mediterrânea de 1,57 m de altura, que viveu no século I depois de Cristo, conforme atestam os pesquisadores. Cf. VANNUCCI, V. *Maria Maddalena*: storia e iconografia nel medioevo dal III al XIV secolo. Roma: Gangemi, 2012, p. 19-59.

MARIA MADALENA, DISCÍPULA PREDILETA DO SENHOR

responder aos desafios da atualidade na fidelidade ao Evangelho.[17] De lá para cá, multiplicaram-se as iniciativas de renovação no seio da Igreja. João Paulo II publicou, em 1988, por ocasião do Ano Mariano, uma carta apostólica sobre a "dignidade da mulher", salientando a importância de Maria Madalena, a primeira a encontrar o Cristo ressuscitado e a anunciar aos apóstolos a ressurreição do Senhor.[18] Alguns anos depois, por ocasião da IV Conferência Internacional sobre a Mulher, celebrada em setembro de 1995, em Pequim, ele escreveu uma "Carta às mulheres".[19] Em várias ocasiões, o Papa Bento XVI também se pronunciou sobre o tema. Um exemplo foi a audiência geral de fevereiro de 2007, quando o pontífice destacou a contribuição das mulheres desde as primeiras comunidades, de modo particular a de Priscila, esposa de Áquila, família colaboradora de Paulo. Ao tratar das mulheres e de sua missão evangelizadora, Bento XVI observa que, entre as discípulas itinerantes ou residentes de Jesus, havia muitas seguidoras, além de tantas outras encontradas ao longo do caminho, como a samaritana, a anônima pecadora perdoada na casa do fariseu Simão, a hemorrágica e a siro-fenícia (cf. Jo 4,1-42; Lc 7,36-50; Mt 9,20-22; Mc 7,24-30). O papa nota que, em várias parábolas, o Mestre assinala o papel e a força das mulheres (cf. Mt 13,33; Lc

---

[17] O Concílio Vaticano II, pensado pelos Papas Pio XI e Pio XII, mas convocado e inaugurado por João XXIII, assinalou um novo caminho para a Igreja. O Concílio foi concluído no dia 8 de dezembro de 1965 pelo Papa Paulo VI. Para uma visão geral sobre o Concílio e seus documentos, cf. COMPÊNDIO DO CONCÍLIO VATICANO II. *Constituições, decretos, declarações.* Petrópolis: Vozes, 2000.

[18] Cf. JOÃO PAULO II. *Carta apostólica sobre a dignidade e a vocação da mulher.* Braga: Editorial A.O., 1988, p. 51-53 (n. 16).

[19] Cf. JOÃO PAULO II. *Carta às mulheres.* Cidade do Vaticano: Libreria Editrice Vaticana, 1995.

15,8-10; 18,1-8). Dentre todas elas, um lugar especial foi reservado para a Virgem Maria e Maria Madalena. Ele observa ainda que, no bilhete a Filêmon, Paulo se dirige a uma mulher chamada Apia (cf. Fm 2), e nas Cartas aparecem outras, como a Maria que "trabalhou muito" pela comunidade (cf. Rm 16,6).[20]

O Papa Francisco, ao solicitar à Congregação para o Culto Divino que elevasse a celebração de Santa Maria Madalena à categoria de festa, decisão tomada no contexto do "Jubileu do Ano da Misericórdia", celebrado de dezembro de 2015 a novembro de 2016, aprofundou e abriu caminho para novas reflexões sobre o lugar e o papel da mulher na Igreja. Francisco deu um passo de fundamental importância na reconstrução da figura de Maria de Magdala e na superação do arquétipo de uma pessoa impura e mundana, construído no decorrer da história ocidental. Tal realidade não corresponde à verdade dos evangelhos, além de contradizer o jeito e os ensinamentos de Jesus e dos seus discípulos. Basta recordar o apóstolo Paulo, que valorizava e agradecia as mulheres que desempenhavam relevantes serviços nas comunidades que ele fundou e que, também, as animava, juntamente com seus companheiros, também ajudados por muitas colaboradoras.

Ao reconhecer Maria de Magdala como Apóstola dos apóstolos, título praticamente esquecido por longos séculos, a Igreja, na pessoa do Papa Francisco, nos recorda a essência da esperança cristã celebrada na Páscoa, depois do drama da Paixão de Jesus Cristo. A liturgia do tríduo pascal nos leva à beira do túmulo, acompanhando Maria de Magdala desamparada e chorosa (cf. Jo 20,1-9). Naquele momento, ela é uma mulher desolada, sinal da

---

[20] Cf. RATZINGER, J. *Os apóstolos e os primeiros discípulos de Cristo*. São Paulo: Planeta, 2011, p. 151-155.

humanidade na sua experiência de finitude entre lágrimas angustiadas que molham um jardim sem flores. Mas bem ali, no milagre da fé, brotou a vida nova: a ressurreição, princípio da nova criação que germinou na manhã pascal. Próxima ao túmulo, Maria Madalena representa a humanidade na sua incansável busca de amor e redenção. Ela nos lembra da verdade grifada pelo poeta do Cântico dos Cânticos: "Forte como a morte é o amor" (Ct 8,6).

O Papa Francisco, com simplicidade, nos confronta com a pessoa de Maria Madalena, que esteve ao pé da cruz e aponta para a passagem que todos devemos experimentar. Com ela, somos chamados a superar situações de sofrimento, pecado e morte para tocar o Ressuscitado e caminhar com a certeza do triunfo da vida sobre toda maldade. Não basta correr ao túmulo com Pedro e o discípulo amado (cf. Jo 20,3-4). Precisamos cultivar a fé em Jesus Cristo, que rompeu barreiras, entregou a vida como oferenda perfeita ao Pai e, com atitudes, nos explicou o amor (cf. Jo 13,1). A fé em Cristo é autêntica, quando se traduz em amor, pois fé e amor são realidades que se confundem e se mesclam, e uma não existe sem a outra. Talvez seja essa a grande descoberta de Maria Madalena: amar é crer, e crer não é outra coisa senão amar.[21]

O ITINERÁRIO ESPIRITUAL DE MARIA DE MAGDALA

Nos evangelhos, Maria Madalena assinala a comunidade-esposa que anuncia e testemunha a ressurreição do Senhor. Ela indica o coração humano; não é perfeita nem pertence a uma comunidade de perfeitos, mas segue na sua busca incansável por

---

[21] Cf. MAIA, G. L. *O discípulo amado.* São Paulo: Paulinas, 2021, p. 77-78.

Deus, após fazer um longo trajeto com Jesus da Galileia até a sua subida a Jerusalém. Depois de um tortuoso itinerário, Maria de Magdala, uma discípula encantada pelo Mestre, experimentou a desilusão e a dor que transbordaram em lágrimas no jardim, ao lado do túmulo vazio. Era difícil aceitar que tudo terminaria de um jeito trágico, quando aquele que pregou o amor e passou fazendo o bem foi traído, injustamente condenado e morreu crucificado. Como segurar as lágrimas, esquecer cada passo do caminho atrás do Mestre, sem recordar os milagres que testemunhou, os "sete demônios" dos quais ela foi libertada, os discursos e as parábolas que ouviu e tantos ensinamentos aprendidos com Jesus? Por tudo isso, Maria Madalena não era capaz de retornar à Galileia... Diferentemente dos discípulos de Emaús, que se fecharam na própria solidão e seguiram estrada afora com o rosto sombrio e triste, sem esperança alguma, ela dirigiu-se ao túmulo do seu Senhor (cf. Lc 24,17-22).[22] O autor do Quarto Evangelho observou que ainda era madrugada, estava escuro por dentro e por fora, mas ela não podia ficar parada, então foi até o túmulo (cf. Jo 20,1ss). Sua alma inquieta, seu coração ferido, seu amor sem limites, com tantas perguntas sem respostas... O que fazer? Onde encontrar forças para seguir? Há futuro?

Desconsolada, a discípula da pequena aldeia de Magdala foi visitar o túmulo do Mestre. Era a única coisa que podia ser feita: caminhar, chorar e ir ao jardim, onde a morte humilhava a vida. Ela chegou e viu o túmulo aberto e vazio. Não pensou em

---

[22] Convém recordar que se dirigir a Emaús significa retornar ao passado, pois dessa aldeia o povo de Israel conservava na memória a vitória de Judas Macabeu, que aniquilou os pagãos (cf. 1Mc 4). Para os discípulos, a morte de Jesus era um claro sinal de que ele não era o Messias libertador esperado pelo povo de Deus.

ressurreição, apenas viu e nada entendeu.[23] Achando se tratar de uma violação do túmulo, alarmada, foi ao encontro da Igreja reunida no cenáculo, representada por Pedro e o discípulo que Jesus amava, para partilhar a sua angústia e dar a notícia: "Tiraram o Senhor do túmulo, e não sabemos onde o puseram" (cf. Jo 20,2). Ainda estava muito escuro e todos correram ao túmulo. O discípulo amado chegou primeiro e, logo depois, também Pedro e Maria Madalena. Todos estavam perplexos, menos o discípulo, que acreditou mesmo sem ver (cf. Jo 20,8).[24] Eles confirmaram as palavras pontuais da mulher e retornaram, exceto Madalena, que ficou com suas lágrimas. Ela perdeu tudo, não havia mais nada, nem mesmo o cadáver do Mestre. Maria Madalena ainda não tinha experimentado o salto da fé pascal, a verdade e o futuro da vida: a ressurreição.[25] Certamente, fez uma interpretação redutiva diante do túmulo aberto e vazio. Concluiu: tudo terminou. Então, dois anjos vestidos de branco perguntam para ela e para todas as pessoas de todos os tempos: "Por que choras?" (Jo 20,13).

Maria Madalena chorava porque procurava entre os mortos aquele que está vivo. No seu interior, havia uma mistura de esperança e desespero, luz e trevas. Ela procurava do jeito errado e no lugar errado. Ainda estava muito apegada ao Jesus da Galileia, ao Mestre terreno, à realidade sensível chamada a dar o salto da

---

[23] Cf. MARTINI, C. M. *Maria Maddalena*. Milano: Edizioni Terra Santa, 2018, p. 88-90.

[24] Maria Madalena, diferentemente do discípulo que Jesus amava, percorreu um árduo caminho até chegar à fé na ressurreição. Cf. VANNI, U. *Il tesoro di Giovanni*: un percorso biblico-spirituale nel Quarto Vangelo. Assisi: Cittadella, 2016, p. 212.

[25] Cf. DE VIRGILIO, G. *Donna, chi cerchi?* Una lettura vocazionale di Gv 20,1-29. Roma: Rogate, 2007, p. 41.

fé. Mas Deus é bondade sem fim e, na ressurreição, vem nos encontrar chamando-nos pelo nome, tocando no mais profundo de cada um de nós. Naquele exato momento, quando Cristo ressuscitado pronunciou o nome "Maria", nela acendeu a luz, brilhou a fé. Era o passo que faltava, o desabrochar da esperança e a certeza da ressurreição, uma realidade que transcende nossa humanidade e inaugura a vida nova em Deus.

No Evangelho de Mateus, essa transcendência é assinalada pela presença do anjo do Senhor que desceu do céu (cf. Mt 28,5); em Marcos, pelo jovem vestido com uma túnica branca (cf. Mc 16,5), ou pelos dois homens com vestes resplandecentes, segundo as narrativas de Lucas e João (cf. Lc 24,4; Jo 20,12). A ausência de fé na ressurreição e uma visão puramente humana ofuscam nossas buscas, e acabamos como a discípula chorosa à beira do túmulo. Porém, depois de tantas buscas e lágrimas, Maria Madalena experimentou a graça do encontro com o Ressuscitado. Ela se abriu à transcendência e ao Mistério, dialogou com Deus e inaugurou o tempo da missão, do anúncio evangelizador que a Igreja proclama ao longo de séculos, entre virtudes e pecados, desde aquela manhã pascal. Na verdade, tudo é graça e puro dom. Não foi Madalena quem encontrou o Ressuscitado no jardim da história. É exatamente o contrário. Jesus Cristo, o Filho unigênito do Pai, é que vem encontrar-nos, pronunciar o nosso nome e salvar-nos.

Conclusão

A releitura dessas páginas dos evangelhos nos permitiu conhecer mais a figura de Maria Madalena, ícone iluminante que nos ajuda a aprofundar a fé na ressurreição do Senhor, a redescobrir o discipulado missionário e acalorar a reflexão sobre a presença, vocação e missão da mulher na Igreja. São realidades importantes para compreendermos a história das comunidades nos seus primeiros passos missionários. No final do itinerário percorrido, ficou evidente que é impossível chegar à fé no Cristo ressuscitado sem cruzar pelos caminhos de Maria de Magdala, a primeira a deixar-se encontrar, a dialogar e a tocar o Ressuscitado. Ela é a principal testemunha da ressurreição de Jesus, o Cristo. Com Maria Madalena, aprendemos que a fé – crer – é um movimento do amor que se traduz em testemunho e anúncio.

Nas páginas dos evangelhos, meditação amadurecida no chão e no coração das primeiras comunidades cristãs, encontramos Maria Madalena, personagem histórica mais próxima de Jesus que outras mulheres, sinal da graça divina que nos puxa para Deus, que, em Jesus Cristo, Verbo encarnado, se aproximou de todos e se colocou ao alcance de nossas mãos. No seguimento de Jesus, da Galileia até Jerusalém, na dolorosa e silenciosa experiência junto à cruz, na companhia da Mãe do Senhor, do discípulo amado e de Maria de Cléofas (cf. Jo 19,25-27), foi amadurecendo a discípula de Magdala, que pouco a pouco se deixou moldar por aquele que a todos atrai para si (cf. Jo 12,32). Isso é graça, é chamado de Deus que ama cada um desde a eternidade (cf. Jr 1,5). Maria Madalena é testemunha fiel da paixão, morte e ressurreição do Senhor. Coube a ela o privilégio de encontrar, primeiro, o Cristo ressuscitado, depois da atormentada experiência diante do túmulo vazio. A caminhada e o amadurecimento de Maria Madalena na fé extrapolam a sua individualidade e apontam para cada um de nós. Nos passos firmes de sua marcha histórica, ela se tornou modelo de discípula de Jesus, figura da Igreja-esposa, comunidade com força missionária, que nasceu e existe para continuar a obra do Filho unigênito de Deus, que veio para que todos tenham vida (cf. Jo 10,10).

Nas proximidades do túmulo, Maria Madalena, que se atreveu a ser discípula na terra dos judeus, quando mulher alguma poderia seguir um mestre, o Senhor fez uma pergunta que nos alcança enquanto indivíduos e também como comunidade de fé, a Igreja: "A quem procuras?" (Jo 20,15). Depois da busca fatigosa e da alegria do encontro no jardim que assinala o Éden, da experiência da graça que nos move para o Pai, temos o envio missionário: "Vai dizer aos meus irmãos..." (Jo 20,17). Com a discípula de Magdala, somos chamados ao seguimento de Jesus, que nos liberta de todos os males – "sete demônios" – e nos envia como testemunhas da ressurreição e anunciadores do Evangelho: é a Igreja em saída missionária. Com ela, confirmamos que não existe um discipulado inerte sem o impulso do Espírito que recebemos do sopro do Ressuscitado no cenáculo de Jerusalém (cf. Jo 20,19-23). Seguir Jesus é sempre uma experiência de êxodo, um sair na direção do próximo, a quem testemunhamos e anunciamos o Cristo ressuscitado e partilhamos a alegre experiência de pessoas "perdoadas e perdoadoras". Importa acolher o chamado de Jesus que nos convida a estar com ele, a permanecer a seu lado, no

MARIA MADALENA, DISCÍPULA PREDILETA DO SENHOR

cultivo da intimidade e dilatação do amor que o busca no jardim da história. E quando, depois de crises, sofrimentos e lágrimas, encontrarmos o Cristo, nós também nos poderemos emocionar ao escutar o Mestre pronunciar nosso nome. Então, a exemplo de Maria de Magdala, movidos pela mesma graça, responderemos: "Rabuni!" (cf. Jo 20,16). Naquele exato momento, de confidência tão serena quão profunda, Maria Madalena compreendeu a sua vocação, releu a história e a vida, expressou a sua fé pascal e declarou seu amor a Jesus, o Cristo de Deus. Tudo com a máxima liberdade, total ternura de Deus, que, no Filho, nos abraça e salva. Logo, chegou a hora de retornar à Galileia, lugar do primeiro amor, início do caminho, do discipulado e da missão que não conhece fronteiras.

Eis o processo que experimentamos no cotidiano do caminho, na ininterrupta busca de conversão para adequar-se à mensagem de Jesus, acolher a sua pessoa e repetir com Maria Madalena a declaração da fé: "Eu vi o Senhor" (Jo 20,17-18), ou, mais tarde, com os discípulos no cenáculo: "Nós vimos o Senhor" (Jo 20,25). A partir do encontro com Jesus, Maria Madalena chegou à plena adesão ao Evangelho. Esse encontro pessoal, o "estar a caminho" com o Mestre, é o principal aspecto e a essência do discipulado. Na base da vocação cristã, do seguimento e da missão, está a certeza de sermos amados por Jesus, e nele amamos todas as pessoas e a inteira comunidade, pois a adesão ao Senhor nos leva na direção e ao encontro da comunidade que sustenta nossa vida e missão, expressão do amor de Deus que nos amou primeiro (cf. 1Jo 4,19).

Maria Madalena nos ensina a ir ao encontro de Jesus, quer nos momentos de alegria, quando estamos livres de toda maldade e "demônios", quer nas horas difíceis, diante da cruz e do martírio, do qual ela foi testemunha ocular a pouca distância do

Crucificado. No calvário, ali ao lado da Mãe de Jesus que representa a Igreja que nos recebe como filhos – "Mulher, eis o teu filho" –, Madalena, de muito perto, viu, testemunhou e compreendeu que a comunidade é quem nos acolhe, ampara e sustenta nos momentos de cruz. É a Mãe Igreja, é a nossa família, que nos abraça na reciprocidade do amor, em que um sustenta e acolhe o outro. Foi a partir desse longo itinerário, que começou lá pelos caminhos da Galileia, que a discípula de Magdala alcançou a maturidade da fé, deixando-se moldar pelo "divino oleiro", até chegar à graça do encontro com Jesus Cristo ressuscitado. Aí não havia outra reação possível senão sair e anunciar a todos, na alegria do coração, que aprendeu a conjugar os verbos "crer" e "amar": "Eu vi o Senhor" (Jo 20,17-18). Cristo vive. Nada foi em vão... A vida é missão, testemunho e anúncio. Madalena, depois de tantos caminhos, calvário e lágrimas, junto ao túmulo no jardim, finalmente experimentou a graça de encontrar a plenitude. Mas não pôde tocá-la nem prendê-la. Era preciso proclamar: "Cristo, minha esperança, ressuscitou!". Passou a noite, chegou a aurora, raiou o dia, nasceu e brilha o sol da fé que nos empurra para a missão, à luz do Espírito Santo de Deus.

BIBLIOGRAFIA

BOSETTI, E. *Vangelo secondo Giovanni (capitoli 12-21)*: amore fino all'estremo. Padova: Messaggero, 2014.

BOVON, F. Luca 1. *Commentario del Nuovo Testamento*. Brescia: Paideia, 2005.

BRAVO, A. *El estilo pedagógico de Jesús Maestro*. Bogotá/San Pablo: Paulinas/Celam, 2006.

BROWN, D. *O Código da Vinci*. Rio de Janeiro: Sextante, 2004.

BROWN, R. E.; FITZMYER, J. A.; MURPHY, R. E. *Grande Commentario Biblico*. Brescia: Queriniana, 1974.

_____. *Introdução ao Novo Testamento*. São Paulo: Paulinas, 2004.

_____. *Giovanni*. Assisi: Cittadella, 2020.

CIRILO DE ALEXANDRIA. *Commento al Vangelo di Giovanni*: collana di testi patristici. Roma: Città Nuova, 1994. v. 3.

DE VIRGILIO, G. *Dizionario Biblico della Vocazione*. Roma: Rogate, 2007.

_____. *Donna, chi cerchi?* Una lettura vocazionale di Gv 20,1-29. Roma: Rogate, 2007.

DI FRANCIA, A. M. *As quarenta declarações III*. São Paulo, 1985 (*ad usum privatum*). (Coleção Escritos Rogacionistas 1.)

DOS SANTOS, P. P. A. A cidade de Éfeso, uma comunidade de Paulo a João: história e tradição no Novo Testamento. *Coletânea*, Rio de Janeiro, Ano XIII, Fascículo 25, p. 144-159, 2014.

FABRIS, R. *Paulo, Apóstolo dos gentios*. São Paulo: Paulinas, 2001.

FAUSTI, S. *Una comunità legge il Vangelo di Matteo*. Bologna: Dehoniano, 2016.

FORTE, B. *L'amore che salva nel Quarto Vangelo*: esercizi spirituali per tutti. Milano: San Paolo, 2015.

FRANCISCO. *La luce della parola*: il Vangelo di Giovanni letto dal Papa. Roma: Castelvecchi, 2020.

GREGÓRIO MAGNO. *Omelie sui Vangeli*. Roma: Città Nuova, 1994.

JEREMIAS, J. *Jerusalém no tempo de Jesus*. São Paulo: Paulinas, 1983.

JOÃO CRISÓSTOMO. *Commento al vangelo di Giovanni*. Roma: Città Nuova, 1970. v. 3.

JOSSA, G. *Il Cristianesimo antico, dalle origini al concilio di Nicea*. Roma: Carocci, 2017.

LANDRIVON, S. *Maria Maddalena*: la fine della notte. Brescia: Queriniana, 2019.

LOHFINK, G. *Jesus de Nazaré*: o que ele queria? Quem ele era? Petrópolis: Vozes, 2015.

LUPIERI, E. *Una sposa per Gesù*: Maria Maddalena tra antichità e postmoderno. Roma: Carocci, 2019.

LURKER, M. *Dizionario delle immagini e dei simboli biblici*. Milano: Paoline, 1994.

MAGGIONI, B.; FABRIS, R. *Os Evangelhos II*. São Paulo: Loyola, 1992.

MAIA, G. L. *O jeito de Deus*: quando ele chama. São Paulo: Instituto de Pastoral Vocacional Editora e Livraria, 2013.

_____. *O Pai-Nosso:* palavra por palavra. São Paulo: Paulinas, 2020.

_____. *Itinerário espiritual de Maria de Nazaré*: meditações sobre o *Magnificat*. São Paulo: Ave-Maria, 2021.

_____. *O discípulo amado*. São Paulo: Paulinas, 2021.

MARTINI, C. M. *As confissões de Paulo*. São Paulo: Loyola, 1987.

_____. *O Evangelho segundo João*. São Paulo: Loyola, 1990.

_____. *Maria Maddalena*. Milano: Edizioni Terra Santa, 2018.

MATEOS, J.; BARRETO. J. *Vocabulário Teológico do Evangelho de João*. São Paulo: Paulinas, 1989.

MOSCO, M. *La Maddalena tra sacro e profano*: da Giotto a De Chirico. Milano: Mondadori, 1986.

ORÍGENES. *Contra Celso*: Patrística. São Paulo: Paulus, 2004.

RASTOIN, M. Maria Maddalena e la risurrezione nel vangelo di Luca. *La Civiltà Cattolica*, Anno 172, 4100, Roma (2021), p. 105-118.

RATZINGER, J. *Il cammino Pasquale*. Milano: Ancora, 2000.

_____. *Jesus de Nazaré, da entrada em Jerusalém até a ressurreição*. São Paulo: Planeta, 2011.

_____. *Os apóstolos e os primeiros discípulos de Cristo*. São Paulo: Planeta, 2011.

RETAMALES, S. S. *Discípulo de Jesús y discipulado según la obra de san Lucas*. Bogotá/San Pablo: Paulinas/Celam, 2005.

ROMANO IL MELODE. *Inni*. Roma: Paoline, 1981.

SANT'AMBROGIO. *Lo Spirito Santo, il mistero dell'incarnazione del Signore*: opera omnia. Roma: Città Nuova, 1979.

SANTO AGOSTINHO. *Commento al vangelo di Giovanni*. Roma: Città Nuova, 1967. v. 2.

SCHNACKENBURG, R. *El Evangelio Según San Juan*: version y comentário I. Barcelona: Herder, 1980.

SEBASTIANI, L. *Maria Madalena*: de personagem do Evangelho a mito de pecadora redimida. Rio de Janeiro: Vozes, 1995.

TERTULIANO. Contro Prassea. *Opere dottrinali*. Roma: Città Nuova, 2010.

TOMÁS DE AQUINO. *Commento al Vangelo di Giovanni*. Roma: Città Nuova, 1992. v. 3.

TONDO, M. *Con Maria di Magdala, nel giardino del Risorto*. Bologna: Dehoniano, 2009.

VANNI, U. Dalla fede al contatto con Gesù risorto: il messaggio pasquale di Giovanni 20. *La Civiltà Cattolica*, Anno 165, 3932, Roma (2014), p. 113-129.

_____. *Il tesoro di Giovanni*: un percorso biblico-spirituale nel Quarto Vangelo. Assisi: Cittadella, 2016.

VANNUCCI, V. *Maria Maddalena*: storia e iconografia nel medioevo dal III al XIV secolo. Roma: Gangemi, 2012.

SAGRADA ESCRITURA, CONCORDÂNCIA E SINOPSE

ALAND, K. *Synopsis Quattuor Evangeliorum*. Stuttgart, 1990.

CONFERÊNCIA NACIONAL DOS BISPOS DO BRASIL. *Bíblia Sagrada*. Trad. oficial da CNBB. 1. ed. Brasília, 2018.

GHIBERTI, G.; PACONIO, L. *Le Concordanze del Nuovo Testamento*. Torino: Marietti, 1978.

NESTLE, E.; ALAND, K. *Novum Testamentum Graece et Latine*. Stuttgart: Privilegierte Wűrttembergische Bibelanstalt, 2012.

DOCUMENTOS E JORNAL DO VATICANO

COMPÊNDIO DO CONCÍLIO VATICANO II. *Constituições, decretos, declarações*. Petrópolis: Vozes, 2000.

JOÃO PAULO II. *Carta apostólica sobre a dignidade e a vocação da mulher*. Braga: Editorial A.O., 1988. p. 51-53 (n. 16).

_____. *Carta às mulheres*. Cidade do Vaticano: Libreria Editrice Vaticana, 1995.

L'OSSERVATORE ROMANO, Ano CLVI, Città del Vaticano, 2016, n. 165, p. 4-5; 166.

SITES

<https://docplayer.com.br/127344529-A-desconstrucao-da-hagiografia-de-maria-madalena-suzy-helen-santos-de-paiva-1.html>.

<http://www.ihu.unisinos.br/entrevistas/505130mariademagdalagrandeapostoladosapostolosentrevistaespecialcomchrisschenk>.

<http://www.ihu.unisinos.br/78-noticias/588755-maria-madalena-a-teologa-da--pascoa-artigo-de-xabier-pikaza>.

<https://www.ihu.unisinos.br/590941-vozes-que-nos-desafiam-celebracao-da--festa-de-santa-maria-madalena>.

<http://www.vatican.va/roman_curia/congregations/ccdds/documents/sanctae--m-magdalenae-decretum_po.pdf>.

<http://www.vatican.va/content/benedict-xvi/pt/audiences/2007/documents/hf_ben-xvi_aud_20070207.html>.

<http://www.vatican.va/content/benedict-xvi/pt/angelus/2012/documents/hf_ben-xvi_ang_20120722.html>.

Rua Dona Inácia Uchoa, 62
04110-020 – São Paulo – SP (Brasil)
Tel.: (11) 2125-3500
http://www.paulinas.com.br – editora@paulinas.com.br
Telemarketing e SAC: 0800-7010081